U0825800

地方智库报告
Local Think Tank

内蒙古自治区
煤炭资源就地转化
政策研究

主　编
庄贵阳

中国社会科学出版社

图书在版编目(CIP)数据

内蒙古自治区煤炭资源就地转化政策研究/庄贵阳主编．—北京：中国社会科学出版社，2016.8

(地方智库报告)

ISBN 978-7-5161-8866-8

Ⅰ.①内… Ⅱ.①庄… Ⅲ.①煤炭资源—资源开发—研究—内蒙古 Ⅳ.①F426.21

中国版本图书馆 CIP 数据核字(2016)第 206462 号

出 版 人 赵剑英
责任编辑 王 茵 马 明
责任校对 董晓月
责任印制 王 超

出 版 中国社会科学出版社
社 址 北京鼓楼西大街甲 158 号
邮 编 100720
网 址 http://www.csspw.cn
发 行 部 010-84083685
门 市 部 010-84029450
经 销 新华书店及其他书店

印刷装订 北京君升印刷有限公司
版 次 2016 年 8 月第 1 版
印 次 2016 年 8 月第 1 次印刷

开 本 787×1092 1/16
印 张 7.25
插 页 2
字 数 55 千字
定 价 29.00 元

凡购买中国社会科学出版社图书，如有质量问题请与本社营销中心联系调换
电话：010-84083683
版权所有 侵权必究

项目主持人：

庄贵阳　中国社会科学院城市发展与环境研究所研究员

项目组成员：

朱守先　中国社会科学院城市发展与环境研究所副研究员

罗栋燊　中国社会科学院城市发展与环境研究所博士后

胡　雷　中国社会科学院城市发展与环境研究所博士后

周枕戈　中国社会科学院城市发展与环境研究所博士

高　国　内蒙古节能与应对气候变化中心副主任

王奇赫　内蒙古节能与应对气候变化中心科长

云　鹏　内蒙古节能与应对气候变化中心副科长

摘要：“十二五”中期以来，全国经济已经由高速增长转向中高速增长，出现了明显不同于以往的诸多特征，不仅表现为经济增速的放缓，更表现为增长动力的转换、经济结构的再平衡。“十三五”时期是内蒙古自治区适应经济发展新常态，调结构、促转型，加大节能降碳攻坚力度的关键时期。内蒙古传统的“挖煤—外运”的煤炭资源发展模式导致资源环境的承载压力越来越大，已经不能够适应经济新常态。如何高效、充分利用煤炭资源已经成为内蒙古当前面临的转变经济发展方式的迫切问题，加快产业转型升级势在必行。

煤炭资源是内蒙古的优势资源，煤炭产业具有较大的发展惯性。但产业的转型升级不能一蹴而就，必须在现有煤炭资源高效利用的基础上，对内蒙古煤炭产业进行升级与优化，再逐步谋划内蒙古产业的转型。而煤炭业转型的方向就是“就地转化”，把煤炭变成更清洁、更便于输送的电力能源。随着国家综合能源基地建设向纵深发展，以及煤炭就地转化比重的大幅提升，需要做好煤炭就地转化与节能降碳工作，本书从内蒙古角度分析实现煤炭资源顺利就地转化的有利机遇及面临的挑战，提出自治区节能降碳目标差别化政策及保障煤炭资源顺利就地转化的相关政策。

本书共分为六个章节全面阐述在节能降碳目标约束下内蒙古自治区如何实现煤炭资源的就地转化。

在第一章研究背景部分，主要阐述在全国经济由高速增长转向中高速增长的大背景下，在当前经济社会发展面临的资源环境瓶颈约束更加突出的情况下，内蒙古作为国家资源与生态大区，应主动适应经济发展新常态，通过煤炭资源的就地转化，实现煤炭资源的高效、和充分利用。

第二章在总结、归纳中国节能降碳现状及特征的基础上，对内蒙古节能降碳工作的成效进行评价并指出未来内蒙古节能降碳工作面临的挑战：内蒙古面临着产业结构重型化发展惯性，结构节能难度大；单位地区产值能耗较高，能源生产力水平低；能源结构高碳化特征显著。

第三章在梳理国家层面和内蒙古地方层面关于煤炭就地转化政策现状的基础上，对内蒙古煤炭就地转化存在的风险进行深入剖析。当前全国的煤电建设已经呈现产能过剩的趋势，新的煤电政策可能引发内蒙古能源消费量的成倍增长。国家在节能降碳指标分解方面已经考虑了地区差异，内蒙古向国家争取特殊政策存在难度。

执着于煤炭就地转化，很可能错失转型发展的机遇。此外，特高压输电线路建设本身也面临相应的问题与挑战。

第四章根据内蒙古的发展定位，综合考虑煤炭就地转化机遇以及清洁能源主要输入地能源市场需求，探讨了不同情境下内蒙古煤炭就地转化的路径，预测了不同情景下煤炭就地转化结果。

第五章为内蒙古能源消耗和碳排放预测。在总结与分析内蒙古能源生产与消费情况的基础上，综合运用计量经济学的方法和数理分析的手段建立相关模型，分析了内蒙古能源消费和碳排放的驱动因素，对内蒙古能源消耗和碳排放进行科学研判。

第六章主要从六个方面提出促进煤炭资源就地转化，保障内蒙古节能降碳工作的对策建议。一是争取国家层面的差别化政策；二是理顺中央经济大政策与地方发展空间需求的关系；三是完善节能降碳投入机制，加强节能降碳技术创新；四是融入国家低碳战略，防范化解煤炭就地转化风险；五是建立健全有利于煤炭就地转化的生态补偿机制；六是推进生态文明建设不动摇。

关键词： 节能降碳　目标约束　煤炭　就地转化　政策

Abstract: Since the interim of 12th Five-Year Plan, the national economy has shifted from rapid growth to medium-high growth, and lots of features shows significantly different from the past, not only for the slowdown in economic growth, but also showing as the conversion of growth momentum and the rebalancing of economic structure. Inner Mongolia, as a national resource and ecological region, during the period of 13th Five-Year Plan, plays a significant role in this critical period to adapt the new normal of economic growth, adjust the industrial structure, economic restructuring and increase the work of energy saving and carbon reduction. The traditional coal resource development model of "Coal mining and outward transportation" in Inner Mongolia leads to increasing pressure on resources and environment, which cannot adapt to the new normal of economic growth. The current urgent issue in transformation of economic development mode which Inner Mongolia face is how to efficiently take full advantage of coal resources. Therefore, we must accelerate the industrial restructuring and upgrading.

Coal resources are the advantage resources in Inner Mongolia, and coal industry has large development inertia. However, industrial transformation and upgrading cannot be accomplished in one step, we must gradually make plan of Inner Mongolia industrial transformation after its upgrading and optimization based on efficient and full utilization of existing coal resources. The orientation of coal industry transformation is "local utilization", turning coal into cleaner electricity for easier transportation. With the development of national comprehensive energy base both in scope and in depth, and the rapidly increasing proportion of coal local transformation, we need to make efforts on the work of coal local utilization and energy saving and carbon reduction, analyze the opportunity and challenges of coal local transformation in Inner Mongolia, and propose the differentiation policy about energy saving and carbon reduction target, and relative policies of guaranteeing coal local transformation. This book is divided into six chapters with a comprehensive exposition about how to achieve coal local transformation in Inner Mongolia Autonomous Region under the constraint of energy saving and low-carbon target.

The first chapter is about research background, that is

under the background of national economy shifting from rapid growth to medium-high growth and increasing constraints of energy saving and carbon reduction target, Inner Mongolia, as a large national resource and ecological region, should initiatively adopt the new normal of economic growth and achieve efficient and full utilization of coal resource by coal local transformation.

In second chapter, the authors summarize our present situation and characteristics of energy saving and carbon reduction, evaluate the effectiveness of energy saving and carbon reduction, and point out the challenges in the future. Inner Mongolia is confronted with heavy industrial structure development inertia, difficulty of structure energy saving; higher energy consumption per unit output value, lower energy productivity; significant characteristic of high carbonation of energy structure.

In third chapter, the authors analyze the risks of coal local transformation on the basis of its policies from national perspective and the perspective of Inner Mongolia. At present, the construction of national coal-fired power shows the trend of overcapacity, while new coal-fired power policies may cause the exponentially growth of energy consumption. There exists difficulty for Inner Mongolia to strive for special policies from the government, because regional differences in energy saving and carbon reduction indicator decomposition has been taken into consideration. It may miss the opportunity of transformation development we persist in coal local transformation. In addition, the construction of UHV (Ultra High Voltage) transmission line itself also face corresponding problems and challenges.

In fourth chapter, according to the development orientation of Inner Mongolia, the authors comprehensively consider the opportunity of coal local transformation, and energy market demand of clean energy of main input area, discuss the path of coal local transformation in Inner Mongolia under different situations, and predict the results under different situations.

The fifth chapter indicates energy consumption of Inner Mongolia and carbon emission estimation. On the basis of summary and analysis energy production and consumption of Inner Mongolia, the authors conduct relative models by integrating econometric methods and mathematical analysis, analyze the driving factors about energy consumption and carbon emissions in Inner Mongolia, and make scientific judgments to energy consumption and carbon emissions.

The sixth chapter proposes countermeasures and suggestions to guarantee energy saving and carbon reduction in Inner Mongolia and promotion coal local transformation from six aspects. First, striving for differentiated policies in national level; second, recognizing the relationship between central economic policies and local economic development demands; third, improving the investment mechanism and strengthening technology innovation of energy saving and carbon reduction ; fourth, assimilating into national low – carbon strategies, and preventing the risks of coal local transformation; fifth, establishing ecological compensation mechanism to improve coal local transformation; sixth, unswervingly promoting ecological civilization construction.

Key Words: Energy Saving and Carbon Reduction; Target Constraint; Coal; Localized Utilization Transformation; Policy

目　录

一　中国节能降碳工作面临的区域差异化需求挑战

在能源消耗快速增长、能源对外依赖过高以及环境污染越来越严重等的背景下，中国于2006年年初首次提出推进节能减排工作，把降低能源消耗强度和减少主要污染物排放总量确定为国民经济和社会发展的约束性指标，并把节能减排作为调整经济结构、加快转变经济发展方式的重要抓手和突破口，在“十一五”期间基本实现了节能减排的约束性目标。节能减排的定义有广义和狭义之分。广义而言，节能减排是指节约物质资源和能量资源，减少废弃物和环境有害物（包括“三废”和噪声等）排放；狭义而言，节能减排是指节约能源和减少环境有害物排放。为了巩固已有的节能减排工作成果，在“十一五”节能减排约束性指标的基础上，“十二五”期间又增加了氨氮和氮氧化物总量指标，制定了一系列的节能减排约束性指标。

节能降碳指加强用能管理，采取技术上可行、经济上合理以及环境和社会可以承受的措施，从能源生产到消费的各个环节，降低消耗、减少损失和污染物排放、制止浪费，有效、合理地利用能源。简而言之，节能降碳就是节约能源、降低能源消耗、减少二氧化碳排放。与传统的节能减排相比，节能降碳还包含了强调增加本地区生态环境质量水平、倒逼经济增长方式转变和产业结调调整的宏观政策内涵。减排强调减少废弃物和环境有害物等污染物的排放，降碳则主要强调减少二氧化碳的排放。从节能降碳本身来看，节能与降碳既有联系，又有区别，节能是降碳的基础，降碳是节能的深化和细化。节能侧重于资源节约效益，减排侧重于环境保护效益，降碳侧重于气候效益。从供给侧来看，节能降碳意味着通过技术创新、制度创新、产业转型、新能源开发等多种手段，尽可能地减少煤炭、石油等高碳能源消耗，减少温室气体排放；从消费侧来看，节能降碳意味着能源消费结构的转型升级，不断提升清洁能源、可再生能源的比重，从而达到减少碳排放、提升本地区碳生产力和人文发展水平的低碳发展宏观战略目标。

“十二五”中期以来，全国经济已经由高速增长转向中高速增长，面临着复杂的系统转型，出现了明显不同于以往的诸多特征，不仅表现为经济增速的放缓，更表现为增长动力的转换、经济结构的再平衡，也意味着改革开放将进入一个全新阶段。遵循经济发展规律，主动适应新变化，在稳增长、调结构中寻找发展平衡点、选准改革突破口、牢牢把握主动权，实现“新常态”下长期持续稳定的经济增长，尤为重要。

“十二五”时期，受国内资源保障能力和环境容量制约，随着工业化、城镇化进程加快和消费结构升级，全国能源需求呈刚性增长，经济社会发展面临的资源环境瓶颈约束更加突出，节能降碳工作压力和挑战陡然增大：（1）在“十二五”期间，中国节能降碳工作已经开始考虑地区差异，但节能降碳的指标分配机制仍不完善，这往往会导致节能降碳责任主体不尽明确，政策效应较低。（2）中央和地方在节能降碳约束性指标博弈过程中，中央的话语权较大，在分配各省的指标过程中没有充分考虑地方的经济、社会和环境的差异性。节能降碳工作的这种特征，一方面源于中国中央与地方的权力架构；另一方面，源于其本身的全局和公益特征。事实上，节能降碳的公益特征与许多地方政府的实际情况和发展思路是不相符的。这样带来的后果可能是地方政府在节能降碳目标导向下作出违背经济规律的决策，如地方政府为了达到节能降碳目标采取拉闸限电等措施。

二　内蒙古节能降碳工作和煤炭资源就地转化战略

（一）内蒙古经济发展现状和节能降碳工作成效

改革开放以来，内蒙古经济呈现快速增长趋势，1978—2015 年 38 年间，经济年均增速为 12.05%，高出全国平均水平 2.34 个百分点，特别是"十一五"时期，内蒙古经济呈现迅猛的增长势头，年均增速达到 17.6%（见图 2－1）。

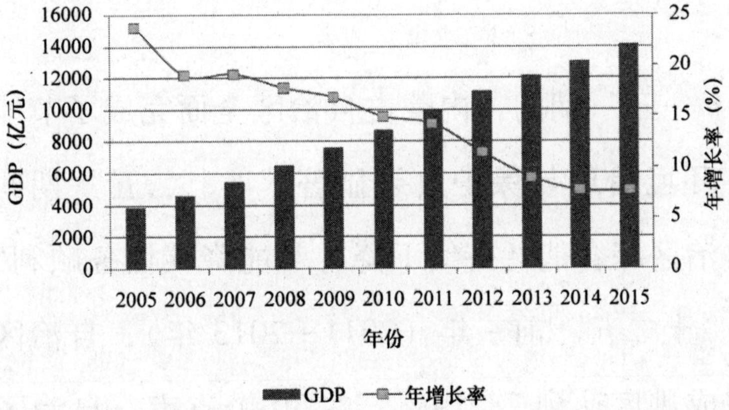

图 2－1　内蒙古经济增长速度（2005—2015 年）

注：GDP 按 2005 年价格计算。

从人均 GDP 分析，2015 年内蒙古人均 GDP 为 71903 元人民币，折合 11547 美元，在中国大陆 31 个省级地区中位居第 6 位，超出世界平均水平（见图 2－2）。

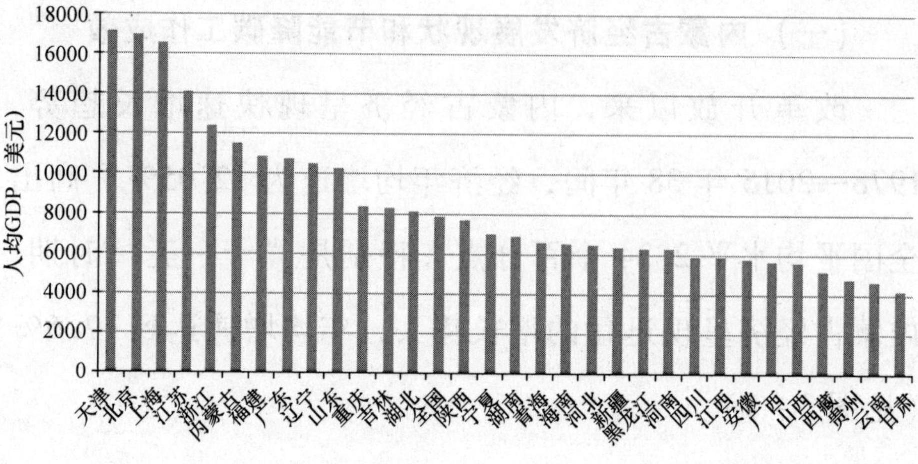

图 2－2 内蒙古人均 GDP 及其与全国和其他地区的比较（2015 年）

“十一五”期间，内蒙古自治区全面完成了节能降碳任务，环境治理与保护效果显著。“十二五”期间，内蒙古自治区综合能耗持续下降，节能降碳任务顺利完成。其中，“十二五”前三年（2011—2013 年），自治区节能目标完成进度达到 78.19%，在 30 个省市、自治区中位列第 9 位。2015 年，全自治区能源消费总量增速为 3.38%，单位 GDP 能耗增速为 －4%，完成“十二五”节能目标的 128%，节能降碳任务顺利完成。

（二）中长期内内蒙古节能降碳工作面临的挑战

1. 产业结构重型化发展惯性，结构节能难度大

目前，随着地区间资源的优化配置和产业分工，内蒙古生产力布局呈现出以城镇为中心，沿交通干线、重要河流、口岸及资源富集地区分布，经济逐步向中心城市集聚的特点。

西部地区以呼、包、鄂为核心形成了能源重化工、稀土高新技术、冶金、装备制造和农畜产品加工业为主的产业集聚区。东部地区依托呼伦贝尔、霍（林河）白（音华）胜（利）、赤峰等资源富集地区，形成了能源化工、有色金属冶炼加工、农畜产品加工等主导产业。沿边经济迅速发展，满洲里口岸过货量达2421万吨，占全国对俄口岸过货量的65%；二连浩特口岸过货量为621.3万吨，占全国对蒙口岸过货量的47%。

但是总体而言，内蒙古产业布局有待优化，表现在：一方面，内蒙古产业布局较为分散，且产业的布局过程中没有考虑区域的资源环境状况，存在生产力的空间布局与资源环境承载力错配的问题；另一方面，内蒙古产业的集中度不高且较为分散，需要将产业逐步向开发区

（工业园区）集中，由于规模效应不充分，导致节能降碳工作难度大，效率较低。

受资源禀赋和发展阶段的制约，自治区经济增长对资源的依赖程度较高，产业结构重型化特征突出。就工业化发展一般规律而言，在工业化初、中期，显然工业制造业劳动生产率远高于第三产业，所以在第二产业向第三产业转移过程中，全社会劳动生产率下降，最终导致经济增长率下降和经济发展放缓、停滞甚至倒退，这也是产业结构调整绝不可能“一蹴而就”的原因所在。“十五”以来，内蒙古工业比重为31%—53%（按2000年价格计算，见图2-3），重化工业今后一段时间仍将是内蒙古经济的主导产业。

其中，2013年作为“十二五”中期年份，工业比重达到52.38%，为2000年以来的最高值。即使内蒙古“十三五”时期出现第三产业产值超过第二产业的现象，但是其与发达国家发展高端服务业的劳动生产率相比仍存在很大差距，同时第三产业是在传统工业制造业的分工基础上发展起来的，这对内蒙古产业转型升级提出很大的挑战。因此，内蒙古产业转型升级的关键在于产业结构内部的优化，特别是产业链条的延长与产品多元化，短期内，包括“十三五”时期，不可能实现产业结构的根本性变革。

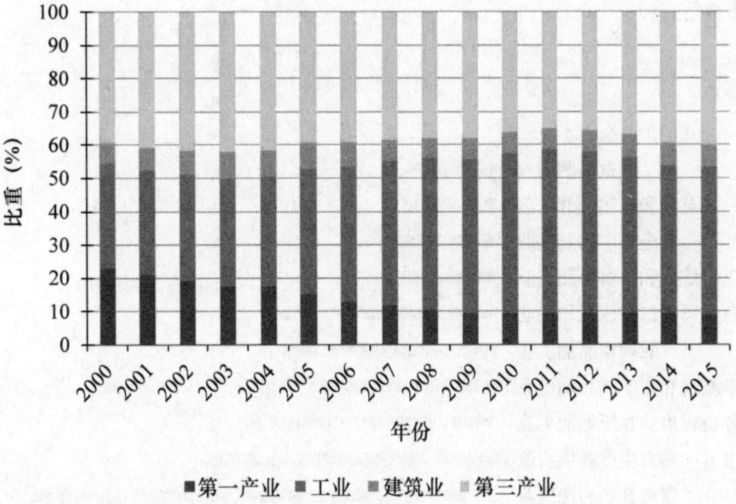

图 2－3 内蒙古产业结构（2000—2015 年）

注：根据 2000 年价格计算。

在工业总产值中，2014 年内蒙古重工业和轻工业比重为 2.45∶1。内蒙古重点打造六大优势特色产业——冶金建材行业、化工行业、农畜产品加工行业、机械装备制造业、高新技术行业、能源行业。其中，能源行业包括煤炭开采和洗选业，电力、热力生产和供应业，黑色金属冶炼和压延加工业，2014 年三者占工业总产值比重分别为 17.46%、10.48% 和 8.12%，合计占比为

36.06%，超过1/3，特别是煤炭开采和洗选业在工业产值中超出15%的比重给内蒙古以煤炭生产为主导能源基地定位和“一煤独大”的产业结构打上了深深的烙印（见图2－4）。

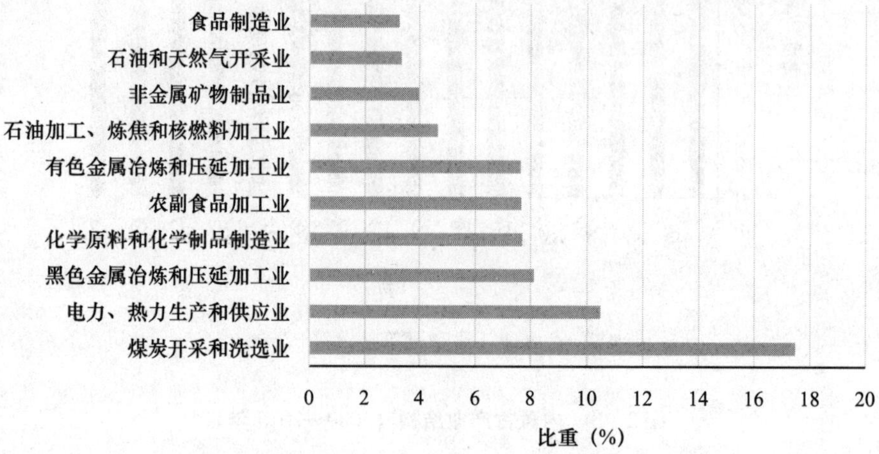

图2－4　内蒙古分行业工业产值比重（2014年）

从分行业能源消费总量分析，化学原料和化学制品制造业，黑色金属冶炼和压延加工业，有色金属冶炼和压延加工业，煤炭开采和洗选业，电力、热力生产和供应业五大行业能源消费占全部能源消费总量的62.8%，仅化学原料和化学制品制造业能源消费就占全部能源消费总量的19.81%（见图2－5）。

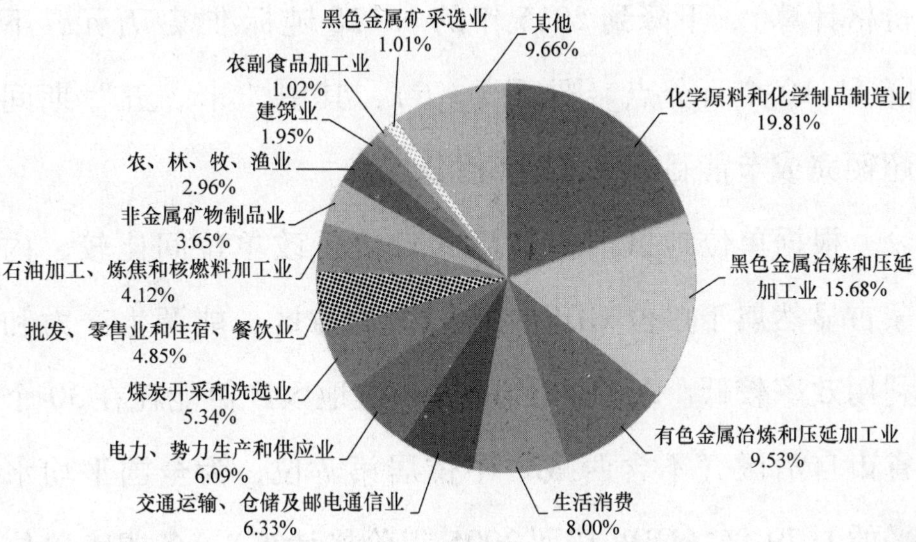

图 2－5　内蒙古分行业能源消费比重（2014 年）

按照自治区在全国的产业发展定位，能源重化工产业仍是发展重点。“十三五”期间，随着国家关于促进煤电转化、延伸产业链、提高能源使用效率等一系列政策的实施，自治区必然会新增一批建设项目，能源消耗和污染物排放总量还将增长，在继续削减存量的同时，需要不断消化增量，完成节能降碳目标的难度明显增加。

2. 单位地区产值能耗较高，能源生产力水平低

从单位地区产值能耗分析，内蒙古单位地区产值能耗由 2010 年的 1. 915 吨标准煤/万元（GDP 按照 2010 年价格计算），下降到2015年的1.128吨标准煤/万元，下降41.10个百分点（见图2-6），其中“十一五”期间超额完成节能目标2.62个百分点。

根据单位地区产值能耗的省级行政单位间比较，内蒙古显然属于单位GDP能耗较高的省区，能源生产力和利用效率较低。2013年内蒙古单位地区产值能耗在30个省市自治区（不含西藏）中位居第7位，为全国平均水平的1.79倍（GDP按照2005年价格计算），各盟市单位GDP能耗也远高于全国平均水平、世界主要经济体和世界平均水平（见图2-7至图2-11）。

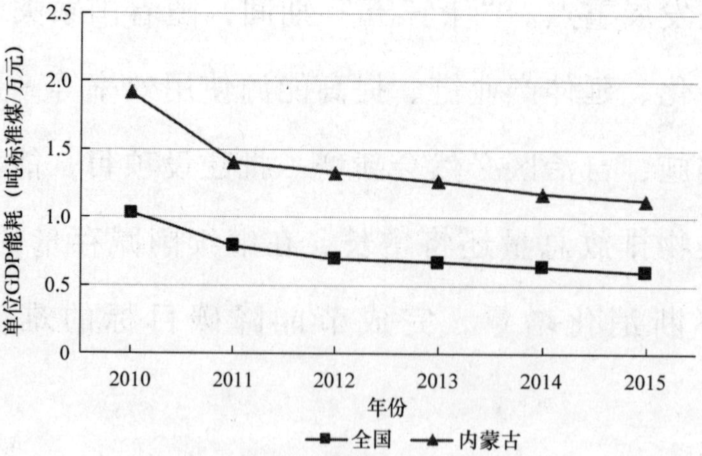

图2-6 内蒙古单位GDP能耗（2010—2015年）

注：GDP按照2010年价格计算。

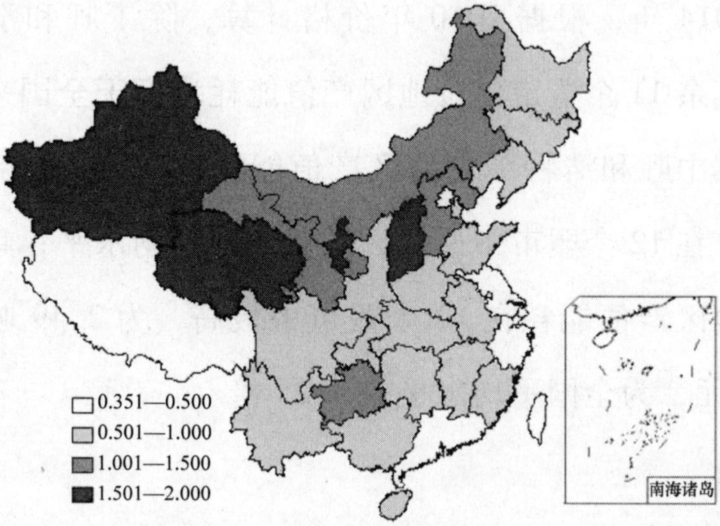

图2－7　全国分地区单位GDP能耗（2014年，吨标准煤/万元）

注：GDP按照2010年价格计算。

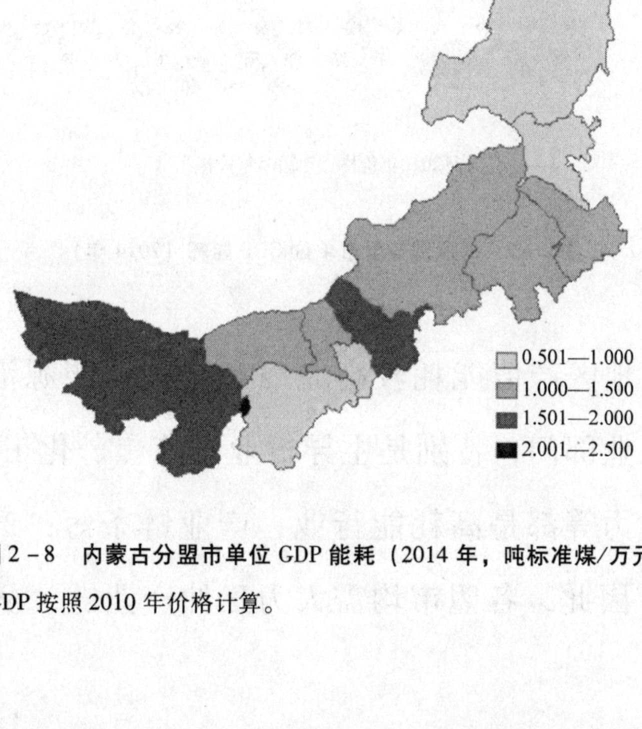

图2－8　内蒙古分盟市单位GDP能耗（2014年，吨标准煤/万元）

注：GDP按照2010年价格计算。

2014 年，根据 2010 年价格计算，除了呼和浩特市外，其余 11 个盟市单位地区产值能耗均高于全国平均水平，其中呼和浩特单位地区产值能耗为 0.52 吨标准煤/万元，在 12 个盟市中最低，低于全国平均水平；乌海市单位地区产值能耗在 12 个盟市中最高，为 2.49 吨标准煤/万元，为全国平均水平的 3.25 倍。

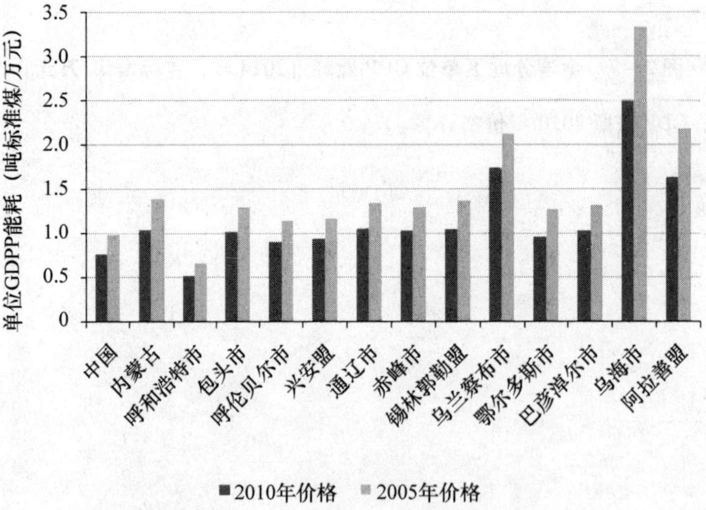

图 2－9　内蒙古各盟市单位 GDP 能耗（2014 年）

单位地区产值能耗较高原因是全社会能源消费主要集中在工业部门，特别是主导行业中炼焦、化工、建材、冶炼、电力等都是高耗能行业，产业链条短，产品附加值较低。因此，各盟市均需大力延伸产业链，从而提升

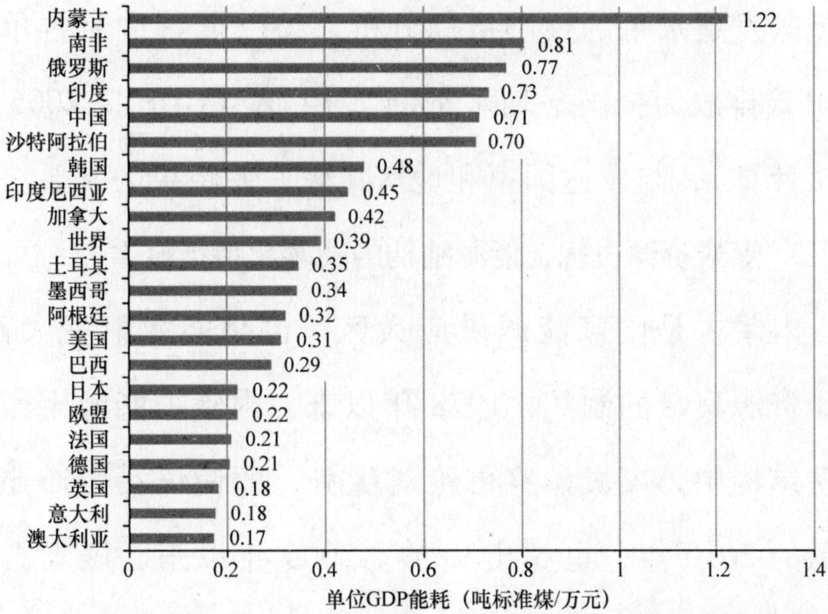

图 2－10　内蒙古及世界万元地区生产总值（GDP）能耗（2013 年）

注：GDP 按当年价格计算。

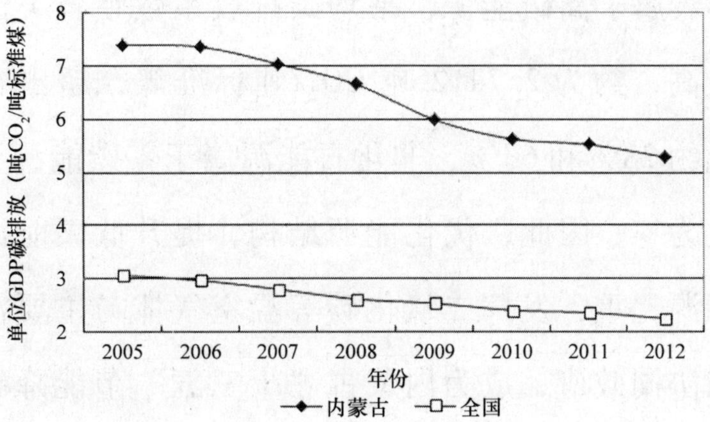

图 2－11　内蒙古与全国单位 GDP 碳排放比较（2005—2012 年）

产品附加值，增强能源生产力。基于单位 GDP 碳排放衡量低碳发展水平的核心指标分析，2012年，内蒙古单位GDP碳排放为全国平均水平的2.34倍（GDP按2005年价格计算），与发达国家和地区比较，差距更为明显。

3. **煤炭资源占优，能源结构的高碳化特征显著**

内蒙古是国家能源供应大区，也是能源消费大区。由于资源禀赋的制约，1978年以来，内蒙古能源生产和消费结构中，煤炭始终占绝对优势，即使煤炭生产比重最低的2010年，也超出92%。2005年以来，煤炭占能源消费量的比重均在86%以上，水能、核能和其他能等非化石能源（零碳能源）发电比重不足2%（见图2-12、图2-13）。

煤炭属于高碳能源，平均碳排放系数在各类能源品种中最高，约为2.7412吨CO_2/吨标准煤，超出石油和天然气约28%和68%，非化石能源属于零碳能源，碳排放系数为零，因此，优化能源结构，提升低碳能源和非化石能源比重，发挥二氧化碳等温室气体与主要污染物减排的协同效应，成为内蒙古“十三五”节能降碳工作的重要方向。

内蒙古作为国家综合能源供应基地，只能依靠自身能源资源条件来满足未来的能源供应。通过全国的煤炭、石油、天然气和水资源预测和评价，能源资源总量可达40017亿吨标准煤，其中煤炭占90%以上，内蒙古典型性则更为明显。

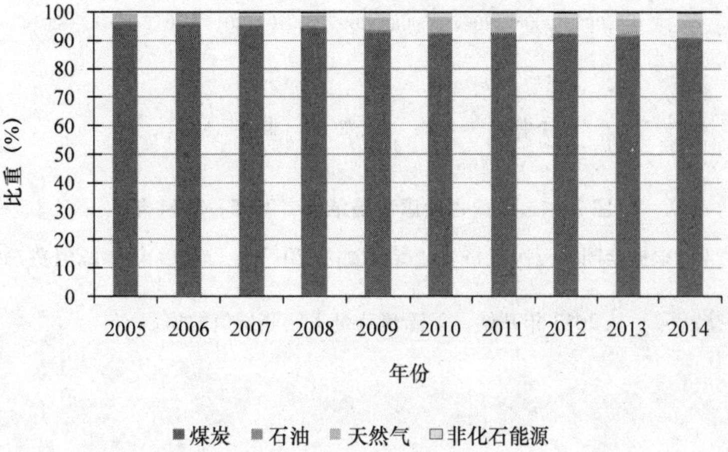

图2-12　内蒙古能源生产结构（2005—2014年）

注：（1）水能、核能和其他能发电折算标准煤系数根据当年平均火力发电煤耗计算。（2）根据全国第三次经济普查结果，对2013年、2014年能源生产总量和比重数据进行了调整。

事实上，随着市场配置资源作用的加强，以及生态文明建设要求的不断提高，居民生活用能和城市地区的能源消费结构的优质化程度越来越明显。能源结构优质化可以促进未来能源效率水平不断提高，减缓能源相关的温室气体排放速度，但要建立在解决优质能源稳定安

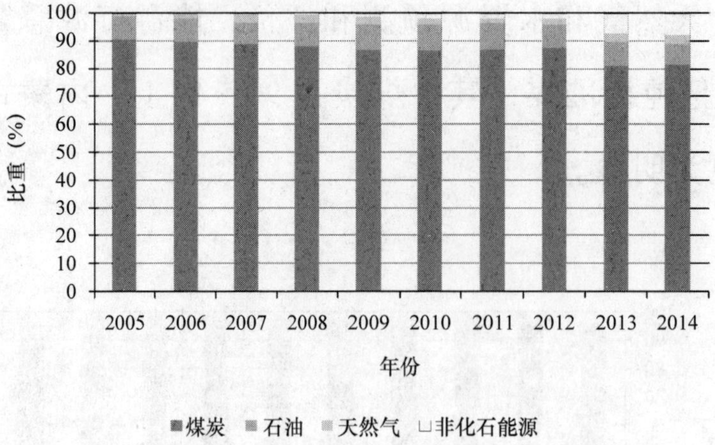

图 2－13 内蒙古能源消费结构（2005—2014 年）

注：（1）根据全国第三次经济普查结果，对 2013 年、2014 年能源消费总量和比重进行了调整。（2）从 2013 年开始，能源消费量采用等价值数据。

全供应问题基础上。提高石油、天然气等能源碳排放系数较低的能源消费比例，不仅可以提高能源效率，还可以带来显著的环境效益。

表 2－1 估算了 2000 年由于全国能源消费结构的优化所带来的环境效益。从中可以发现，由于能源结构的改善，每年分别减少 198 万吨二氧化硫的排放、3789 万吨二氧化碳排放。

内蒙古煤炭消费比重超出中国平均水平 10 个百分点，非化石能源消费比重仅为 1.75%，高碳化特征更为显著。

能源碳排放系数是反映能源消费结构情况的指标，是指能源燃烧或使用过程中单位能源所产生的碳排放数量。2012 年内蒙古能源碳排放系数为全国平均水平的 1.13 倍（见图 2－14）。

表 2－1　　能源结构优化带来的环境效益估算

分能源品种的节煤量测度		二氧化硫排放量（吨－SO_2）	二氧化碳排放量（吨－碳）
石油代煤	石油排放系数	0.014	0.5825
	煤炭排放系数	0.0255	0.7476
	代煤量	10424	10424
	小计（万吨）	120	1721
石油节煤	煤炭排放系数	0.0255	0.7476
	节煤量	2397	2397
	小计（万吨）	61	1792
天然气代煤	天然气排放系数	0.0002	0.4435
	煤炭排放系数	0.0255	0.7476
	代煤量	521	521
	小计（万吨）	13	158
天然气节煤	煤炭排放系数	0.0255	0.7476
	节煤量	156	156
	小计（万吨）	4	117
总计（万吨）		198	3789

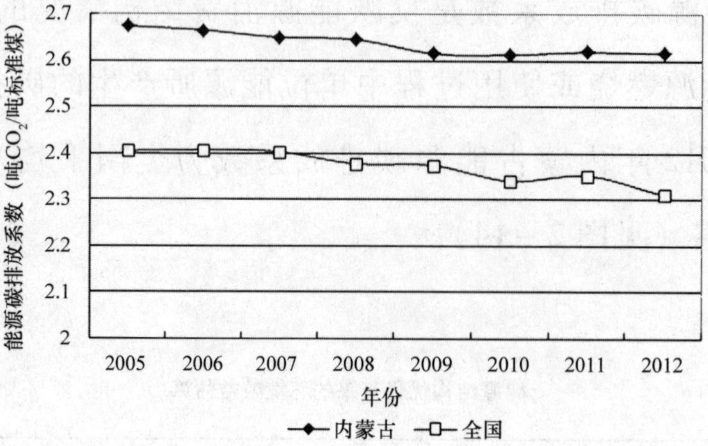

图 2-14　内蒙古与全国能源碳排放系数比较（2005—2012 年）

如今，全国各地区都在积极实现低碳转型与绿色发展，内蒙古地区也责无旁贷，但今后相当长一段时期，内蒙古仍是重要的能源基地，新的煤电与煤炭就地转化发展规划决定着内蒙古同时也是能源消费与温室气体排放大户。内蒙古“8337”发展思路的第一定位是“保障首都、服务华北、面向全国的清洁能源输出基地”。采取能源税、碳税、生态补偿等措施，同时促进能源输出与消费的技术创新是内蒙古实现绿色低碳发展的重要途径之一。

“十二五”期间，全自治区地区生产总值目标年均增长 12%、单位 GDP 能耗下降 15%，需要完成的节能量比

"十一五"时期高2000万吨标准煤左右。"十一五"以来，主要耗能产业淘汰落后产能任务基本完成，污染减排设施已陆续投入运营，能够很快取得成效的项目呈下降趋势，尚未形成推进节能降碳的长效机制，继续提高节能降碳水平的空间和潜力越来越小。"十二五"期间，内蒙古节能目标为15%，2013年度内蒙古"十二五"节能目标完成进度为78.19%，为完成等级。然而锡林郭勒盟、乌兰察布市、鄂尔多斯市3个盟市预警等级为一级，节能降碳低于年度节能目标要求，节能形势十分严峻，需要制定有针对性的整改措施，合理控制能源消费增量，确保完成节能降碳目标任务。因此，内蒙古需要重新评估产业发展定位、能源消费量与利用效率，制订科学的节能降碳目标。

（三）节能降碳约束下煤炭资源就地转化战略提出

作为国家资源与生态大区，"十三五"时期是内蒙古适应经济发展新常态，调结构、促转型，加大节能降碳攻坚力度的关键时期。根据上一节分析，内蒙古传统的"挖煤—外运"的煤炭资源发展模式导致资源环境的承载压力越来越大，已经无法满足气候变化背景下保障本地区国民经济和社会平衡、可持续发展内在需求。如何高效、充分利用煤炭资源已经成为内蒙古当前面临的转变经济发展方式的重大问题，加快传统优势产业绿色低碳转型升级势在必行。

煤炭资源是内蒙古的优势资源，内蒙古煤炭产业具有较大的发展惯性，产业的转型升级不能一蹴而就，必须在现有煤炭资源高效利用的基础上，对内蒙古煤炭产业进行升级与优化，再逐步谋划内蒙古产业的转型。而煤炭业转型的方向就是"就地转化"，把煤炭变成更清洁、更便于输送的能源。主要有两个途径，一是新型煤化工，如煤制油、煤制气等；二是坑口发电，通过特高压等线路变运煤为输电。煤炭运输不再仅仅通过汽运、列运等传统方式向各地输送能源，而是转化为更清洁的能源，实现"煤从空中走"和"煤从地下走"。

随着国家综合能源基地建设向纵深发展，以及煤炭就地转化比重的大幅度提升，需要以发展低碳经济为主线，科学推进煤炭就地转化与节能降碳这一重大产业发展战略，从自治区角度分析实现煤炭资源顺利就地转化的有利机遇及面临的挑战，明确节能降碳的责任主体，科学预测能源总量与强度双控目标，建立和完善节能量和碳排放权交易市场，研究提出自治区节能降碳目标差别化管理政策及保障煤炭资源顺利就地转化的相关指导和规划性政策。

三　内蒙古煤炭资源就地转化战略的政策现状与风险

（一）内蒙古煤炭资源就地转化的政策现状

煤炭就地转化实质上是煤炭资源利用方式的转化，发展清洁高效的煤电，通过把煤炭资源就地高效地转化为电能直接输送到能源使用地，可以减少煤炭分散使用时所产生的污染问题。因此，围绕煤炭资源就地转化，无论是在国家层面还是在省域层面，都纷纷出台了相关的支持和激励政策。

关于煤炭就地转化政策，在国家层面已出台过相关政策。近年来，中央政府越来越意识到，资源省区为了实现经济可持续发展，必须摆脱单一的资源开发局面，加快经济转型，而延伸煤炭产业链无疑是转型的方式之一，这就要求资源省区适当减少单纯的煤炭外调。在《国民经济和社会发展第十二个五年规划纲要》中明确提出："主要依托国内能源和矿产资源的重大项目，优先在中西部资源地布局。"在《煤炭工业发展"十二五"规划》中也提出，"在内蒙古、陕西、山西、云南、贵州、新疆等地选择煤种适宜、水资源相对丰富的地区，重点支持大型企业开展煤制油、煤制天然气、煤制烯烃、煤制乙二醇等升级示范工程建设”。“在大中型矿区内，以煤矸石发电为龙头，利用矿井水等资源，发展电力、建材、化工等资源综合利用产业，建设煤—焦—电—建材、煤—电—化—建材等多种模式的循环经济园区。”这无疑为资源地提高煤炭资源就地转化水平提供了政策支持。

此外，在国务院《能源发展战略行动计划（2014—2020年）》中，就煤炭资源开采、使用方式给出了明确的发展方向。“计划”提出建设“晋北、晋中、晋东、神东、陕北、黄陇、宁东、鲁西、两淮、云贵、冀中、河南、内蒙古东部、新疆”14个国家级煤炭生产基地，这与2010年《煤炭工业发展“十二五”规划》中14个亿吨级煤炭生产基地相同。此外，为保证煤电转化需要，国家将重点建设“锡林郭勒、鄂尔多斯、晋北、晋中、晋东、陕北、哈密、准东、宁东”9个千万千瓦级大型煤电基地。发展煤炭资源远距离大容量输电技术，扩大“西电东送”规模，实施“北电南送”工程。

从国家层面的政策可以看出，煤炭资源的就地转化将会成为未来政策引导的方向，集中生产、集约利用、就地转化是将来政策的主要特征。发展大型煤炭基地，实现煤炭资源“集中生产”，有利于建立健全煤炭质量管理体系，加强对煤炭开发、加工转化和使用过程的监督管理，在生产源头上把好质量关；同时也保证了煤矸石、高岭土等伴生资源的高效利用，杜绝低热值煤、劣质煤流入市场，这些举措为煤炭资源集中、高效地就地转化提供了保证。

在国家大的能源政策背景下，中国几个主要煤炭产区也都陆续出台了促进煤炭就地转化的相关政策，既有行政方面的约束措施，也有经济方面的激励措施。

（1）新疆在2011年10月正式出台实施《煤炭资源有偿配置与勘查开发转化管理规定（暂行）》，以防煤炭企业“圈而不探”“探而不采”等行为。根据新规定，新疆煤炭资源勘查开发将按“以项目配资源”原则并注重项目实际投入与转化，申请用于煤电、煤化工等的煤炭开发项目的就地转化率须达到60%以上。此外，新疆煤炭探矿权、采矿权采取进场招标、拍卖、挂牌等方式有偿出让。在新疆境内煤炭企业，需缴纳煤炭资源开发地方经济发展费，动力煤缴纳标准为15元/吨，焦煤及配焦用煤缴纳标准为20元/吨；用于新疆煤电、煤化工等转化项目的煤炭项目，地方经济发展费按照上述收费标准40%收取。

（2）山西作为煤炭生产大省，在2010年年底获批“国家资源型经济综合配套改革试验区”。山西省明确综合转型发展思路，即走煤炭循环利用路线，重点发展以煤化工为代表的煤炭清洁利用产业，力图用五年时间打造新山西，使煤炭生产模式发生重大转变。

（3）陕西省政府则提出煤炭资源“三个转化”思路，即煤向电力转化、煤电向材料工业品转化、煤油气盐向化工产品转化，并提出，“在煤炭转化项目，在规定的时间内转化项目未履约建设的，对煤炭资源的矿业权进行重新配置”。

（4）作为能源“金三角”之一的宁夏，亦选择资源深度开发与转化道路。“十二五”期间，规划建成宁东大型煤炭基地、“西电东送”火电基地和煤化工产业基地，使之成为重要经济增长极。

（5）内蒙古自治区在2011年3月下发《煤炭兼并重组工作方案》，方案严格煤炭生产行业准入。其中，要求新上煤炭生产项目必须同步建设转化项目，以及高新技术、装备制造等配套项目；煤炭转化项目原煤就地转化率必须达到50%以上。2014年，为进一步鼓励煤炭就地转化，内蒙古自治区政府出台了新的《关于加快发展重点煤炭企业的指导意见》（以下简称《意见》），旨在进一步促进内蒙古煤炭工业由数量扩张型向质量效益型转变，加大调结构、转方式、促转型力度，支持重点煤炭企业成为新矿区开发主体。按照相关规定优先配置煤炭资源，保障重点煤炭企业持续发展的资源供给。原煤年产量超过5000万吨的重点煤炭企业，在同等条件下优先享受自治区各类优惠政策。《意见》明确支持重点煤炭企业"以煤为基、多元发展"，延伸产业链。鼓励重点煤炭企业建设煤化工、低热值煤发电等煤炭转化项目和煤炭分质利用、煤机制造、煤炭物流项目。在重点煤炭企业相关项目建设审批以及土地等相关要素供给上，应予以优先保障。

（二）内蒙古煤炭资源就地转化的政策评估

作为清洁能源输出地、煤化工基地及有色金属生产加工和现代装备制造等新型产业基地，内蒙古存在着较大的能源就地转化的压力。第一，内蒙古一次能源消费部分转化为二次能源输出到其他省区，环境污染物的排放却留在本地，在当前环境污染物以生产侧来核算的体制下，内蒙古清洁能源输出基地建设的环境考核压力大；第二，当前节能降碳考核体制综合考虑了跨区域间电力输送导致的能源消费和二氧化碳排放指标转移，但是能源输出地在电力生产过程中的煤炭采掘、洗选和运输等环节的能源消耗和二氧化碳排放没有纳入当前节能降碳的考核体制，因此不利于节能降碳考核的公平性；第三，从节能降碳的效率来看，由于内蒙古在能源生产方面的规模优势，现有的节能降碳技术水平较高，进一步节能降碳的边际效应递减，节能降碳空间收窄。尤其是在“十三五”期间，随着能源基地建设以及经济新常态的到来，煤炭资源就地转化的比重将会进一步增加，应该看到煤炭就地转化所面临的内部风险和外部压力。

在内蒙古自治区内部，国家“三去一补一降”的去产能政策可能会给内蒙古的煤炭产能带来“一刀切”的风险，这给内蒙古自治区煤炭就地转化造成一定的阻碍。内蒙古自治区煤炭产业整体规模化、集中化还有提升空间，且煤炭产业是内蒙古自治区的主体能源产业，涉及面广，从业人员多，事关经济发展和社会稳定大局。特别是在供给侧改革的新形势下，要正确认识和理解去产能。去产能是去过剩产能中的落后产能，而不是“一刀切”。

在外部环境方面，随着经济新常态的到来，不管是在能源结构、产业结构方面，还是在技术结构方面，都有可能给煤炭就地转化带来一定的风险。从能源结构来看，由于节能降碳和应对气候变化的压力，无论是能源生产端还是能源消费端，能源结构都趋于清洁化：从生产端来看，由于资源的锁定效应，中国部分能源生产大省多以生产煤炭为主；从消费端来看，能源消费大省未来会不断提高清洁能源的占比。

从产业结构来看，能源输出省区由于资源依赖导致的产业锁定使得本地区的产业转型缓慢，仍以高消耗、高排放的产业结构为主体；能源输入省则会在节能降碳和应对气候变化的压力下积极转型为绿色低碳发展模式。从技术结构来看，由于能源生产端地区现有的规模效应，进一步节能降碳的技术空间较窄；而能源消费端的地区可通过积极淘汰落后产能，获得部分的节能降碳空间。因此，从未来内蒙古“十三五”的能源消费、产业发展和技术发展趋势来看，如果延续现有的节能降碳思路，能源就地转化的风险可能会增大，在这样的背景下内蒙古自治区更需要积极主动调整节能降碳和煤炭就地转化的工作思路。

（三）内蒙古煤炭资源就地转化的可能风险

1. 新常态下中国煤电建设已经呈现产能过剩的趋势

2016年2月5日，国务院印发了《关于煤炭行业化解过剩产能实现脱困发展的意见》，为化解煤炭行业过剩产能、推动煤炭企业实现脱困发展制定出具体目标，明确指出，在近年来淘汰落后煤炭产能的基础上，从2016年开始，用3—5年的时间，再退出产能5亿吨左右、减量重组5亿吨左右，较大幅度压缩煤炭产能，适度减少煤矿数量，给内蒙古“煤炭就地转化”政策实施带来风险。

另外，近年来，全国用电量增速逐年放缓，火电利用小时数逐年降低。2013年为5021小时，2014年为4739小时，2015年仅为4329小时，同比下降410小时。同时，煤电项目从纳入国家发展规划到建成投产需3—4年时间，存在一定惯性，导致近期煤电投产规模并未减少。因此，随着中国经济新常态的到来，经济增速放缓，中国的电力增速急剧下降，已经出现了严重的电力供大于求的局面。

2. 新的煤电政策将引发内蒙古能源消费量成倍增长

“十三五”时期，内蒙古自治区按年均10亿吨煤炭的产量，电煤就地消费比重按60%的下限计算，仅电煤消费就达6亿吨，折合约4亿吨标准煤，是目前年能源消费量的2倍以上，不可能再按传统的节能降碳目标来考核，需要在国家层面重新考量内蒙古的节能降碳指标。

内蒙古自治区地处中国的“三北”地区，是祖国北方的重要生态屏障，是包括北京在内的华北地区的生态防线，也是整个华北地区的上风向，随着内蒙古被纳入京津冀及周边地区大气污染联防联控体系，内蒙古不仅面临着区内的大气污染防治任务，还需要兼顾整个京津冀及周边地区的大气污染防治任务。与此同时，内蒙古还承担着发展经济与建设国家清洁能源基地的任务。因此，随着内蒙古被纳入京津冀及周边地区的大气污染联防联控体系，节能降碳任务十分艰巨。

3. 碳排放峰值约束下争取节能降碳特殊政策存在难度

“十三五”国家拟增加能耗总量和温室气体排放总量控制考核，对于东部沿海发达地区，工业化已经完成，能耗总量和温室气体排放总量已经达到峰值，产业转型升级已经成为必然，争取能源消费和排放达峰的效益，赶超发达国家技术与产业管理水平是其新的历史使命。内蒙古仍处于工业化快速增长阶段，产业结构调整远未到位，为提升发展质量，一些原材料工业必将为增加附加值而延伸产业链条，需要上马一批新的制造业项目；加上国家在煤电领域新的能源发展战略，因此“十三五”时期，内蒙古能耗总量和温室气体排放总量肯定要远高于“十二五”时期，能耗总量和温室气体排放总量峰值短期内无法实现。

4. 错失转变发展方式和发展绿色低碳经济的战略机遇

当前，内蒙古发展模式呈现高投入、高消耗、高污染、低效益的特征，传统的经济增长方式难以为继，必须转变为低投入、低消耗、低污染、高效益的经济增长方式。在经济新常态下，经济增速趋缓使得全国能源市场需求进一步缩减，导致以能源、重化工产业为主的内蒙古遭遇了发展危机，这既是挑战也是机遇，是内蒙古充分利用得天独厚的草原资源和气候资源，着力培育消费和出口经济，积极打造农牧业全产业链，发展旅游、健康、金融等产业的良机。但煤炭就地转化必然使得内蒙古产业结构重型化发展的惯性进一步加重，不利于经济增长方式的转变以及产业结构的调整。

（四）内蒙古煤炭资源就地转化的战略机遇和获益

1. 拉动地方经济，消纳一部分过剩产能

特高压电网建设投资规模大、产业链条长，对经济带动作用强。“七交五直”特高压项目在内蒙古境内投资 814 亿元。据测算，加上各级电网工程，总投资 1000 亿元以上，带动相关产业投资 1100 亿元以上，合计达 2100 亿元以上，同时可消化钢铁、电解铝、水泥等部分过剩产能。

2. 优化区域间能源格局，环境效益明显

内蒙古地域辽阔、空气流动性强、环境容量大，高起点建设大型坑口电厂，治理污染的成本更低。加上优质的风能和太阳能资源，可同步配套推进大规模的风、光发电项目，建成大型清洁能源输出基地。通过特高压通道实现长距离大容量的“北电南送”，将进一步优化全国电力分布，并能有效缓解铁路公路运输压力、减少汽车尾气排放和能源耗损，保障电力供应，具有明显的环境效益。

3. **有利于提升煤炭资源综合利用的水平**

内蒙古鄂尔多斯地区富藏高铝煤，适合集中开发、综合利用；锡林郭勒盟富藏褐煤，不适合远距离运输。当前内蒙古主要以出售原煤为主，运输成本高、产业链条短、产品附加值低、环境影响大。随着煤电基地项目的启动建设和投产运行，提高煤炭就地转化能力，变输煤为输电，实现“煤从空中走，电送全中国”，必将从根本上改变长途运输煤炭所造成的交通拥堵、环境污染、浪费高级能源的被动局面，实现绿色发展和循环发展。

4. **有利于草原生态资源环境保护与建设**

加快特高压工程及煤电基地建设，通过“点上开发、面上保护”，可转变以前农牧民的传统发展模式，促进农牧民转移就业，减轻对草原的过度利用，提高工业反哺“三农三牧”的能力，保障草原生态的持续改善。

四　国家战略导向下内蒙古发展定位和能源战略选择

（一）国家区域发展战略和内蒙古自治区发展定位

1. 功能区划战略下内蒙古自身的发展定位

内蒙古作为一个资源大区，自身的发展定位也经历了一个从定位不明晰到定位明确的过程。我国国民经济和社会发展第十一个五年计划纲要中，在优化能源开发布局方面，提出了统筹规划全国能源开发布局和建设重点，建设山西、鄂尔多斯盆地、内蒙古东部地区、西南地区和新疆五大国家综合能源基地。至此，国家对内蒙古在能源基地建设上的发展战略定位明朗化。2011 年，国务院颁布 21 号文件《国务院关于进一步促进内蒙古经济社会又好又快发展的若干意见》，明确提出了内蒙古发展战略的四个定位。

（1）我国北方重要的生态安全屏障。全面实施重点生态保护与建设规划，大力推进重大生态工程建设，加强重点区域、流域生态建设和环境保护，构筑以草原和森林为主体、生态系统良性循环、人与自然和谐相处的国家生态安全屏障。

（2）国家重要的能源基地、新型化工基地、有色金属生产加工基地和绿色农畜产品生产加工基地。充分发挥资源丰富、靠近市场、基础较好的优势，做大做强特色优势产业，加快构建多元化的现代产业体系，把内蒙古建设成国家战略资源支撑基地和新的经济增长点。

（3）我国向北开放的重要桥头堡。大力实施沿边开放战略，依托重点口岸和合作园区，加快国际通道、对外窗口及沿边开发开放试验区建设。深化与俄罗斯、蒙古等国家的经贸合作与交流，发挥内引外联的枢纽作用，努力构建面向北方、服务内地的对外开放新格局。

（4）团结繁荣文明稳定的民族自治区。坚持和完善民族区域自治制度，发扬民族团结的优良传统，全面落实各项民族政策，大力繁荣民族地区经济，切实增进各族人民福祉，筑牢我国北方安全屏障，建设民族团结、经济繁荣、社会进步、边疆稳定的民族自治区。随着文件的提出，内蒙古作为国家能源基地的内涵更加丰富，目标也更加明确。

2. 提出建设国家清洁能源输出基地的战略

2013 年，内蒙古首次提出了切合国家要求、符合区情的“8337”发展思路，其中对内蒙古的发展做了具体的定位。未来内蒙古在能源方面的发展定位是保障首都、服务华北、面向全国的清洁能源输出基地。一方面，大力发展天然气等清洁能源，大力发展风能、太阳能等可再生能源；另一方面，大力推进煤的清洁生产和高效利用，积极发展高水平火电，抓好重点煤炭基地建设，着力提高煤炭向清洁能源的转化比例，提高煤炭的就地转化率。

提出建设国家清洁能源输出基地的战略，是基于对国家能源发展客观要求和国内市场需求的把握。一是从国内能源发展走势看，国务院决定到2020年我国非化石能源消费比重要达到15%，单位GDP二氧化碳排放要比2005年降低40%—45%。为确保这一目标的实现，客观上要求我国加快发展风电、天然气等绿色洁净能源，降低煤炭在能源消费中的比重。这为内蒙古加快发展风电、天然气等清洁能源提供了良好的机遇。二是从国家相关规划看，国家《能源发展“十二五”规划》中明确提出：逐步提高输电比重，结合大型煤电基地建设，采用特高压技术，加快建设鄂尔多斯盆地、锡盟能源基地向华北、华东、华中等地区的输电通道；大力发展非化石能源，培育新的能源供应增长极，建设包括蒙西、蒙东等大型风电基地。三是从市场需求看，内蒙古紧临华北、东北和西北三大电网，与能源消费中心京津唐及东北、华东、华中地区较近，输电、输气距离在经济半径内。随着国家节能降碳政策的进一步深化，发达地区能源需求结构发生明显变化，越来越多地需要内蒙古供应电力、天然气等清洁能源。四是从内蒙古加快转变经济发展方式看，把内蒙古建成保障首都、服务华北、面向全国的清洁能源输出基地是自治区经济社会发展“三个着力”的具体体现，即着力调整产业结构，着力壮大县域经济，着力发展非公有制经济，有利于内蒙古煤炭、电力等能源产业在做大总量的同时提高质量，增强长期发展后劲。

（二）区域发展战略导向下内蒙古能源生产与消费

1. 近十年内蒙古能源生产与消费情况

根据国家《能源发展“十二五”规划》，要加快建设山西、鄂尔多斯盆地、内蒙古东部地区、西南地区、新疆五大国家综合能源基地。其中蒙东基地2015年一次能源生产能力目标为3.3亿吨标准煤，鄂尔多斯盆地为9.2亿吨标准煤。

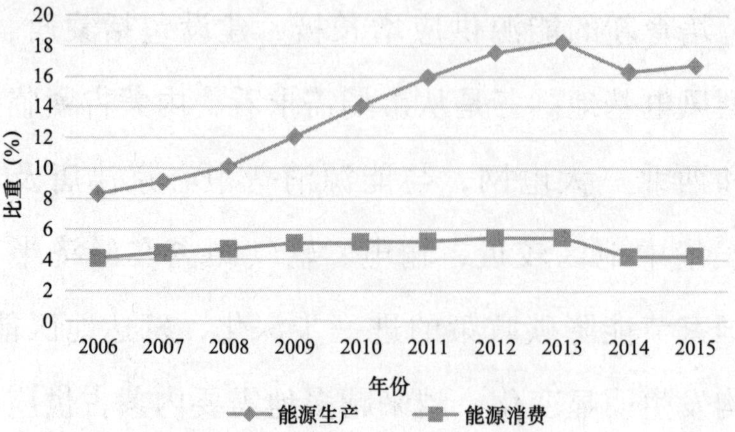

图4－1　内蒙古能源生产与消费占全国比重（2006—2015 年）

从图 4－1 可以看出，2006 年以来，内蒙古能源生产与消费占全国比重呈相对脱钩状态，内蒙古能源生产占全国比重由 2006 年的 8.33% 快速上升到 2015 年的 16.72%，年均增幅为 0.84 个百分点，而同期能源消费比重年均增幅仅为 0.017 个百分点。

从能源生产和消费比率分析，“十一五”以来，内蒙古能源产消率呈快速上升趋势，由 2006 年的 176% 上升到 2015 年的 329%（见图 4－2），属于典型的能源输出地区，国家综合能源基地的战略地位日益重要。2014 年内蒙古煤炭产量为9．9 亿吨，占全国比重为26%。全区原煤输出比重超过 60%，输出地包括东北、华北、华中、华东等地区，运输方式包括海铁联运、陆港联运等方式。

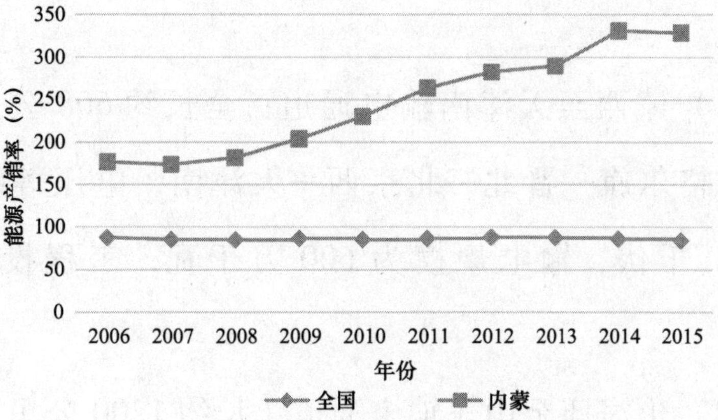

图 4－2　内蒙古能源产消率及与全国比较（2006—2015 年）

2. **国家清洁能源输出基地建设的现状**

内蒙古自治区跨越东北、华北和西北，有着特殊的地理优势和资源优势，国家规划的 9 个煤电外送基地有 2 个位于内蒙古，国家《大气污染防治行动计划》的 12 条重点输电通道中，4 个特高压工程始于内蒙古。2014 年 5 月，国家能源局下文批准建设蒙西至天津南输电通道、上海庙至山东输电通道、锡盟至山东输电通道和锡盟至江苏泰州输电通道 4 条特高压送电通道。4 条特高压送电通道设计外送电能力共计 3100 万千瓦。配套电力装机 4200 万千瓦，其中包括 600 万千瓦的风电装机。按规划要求，上海庙至山东输电通道2016年建成投产，其余3条输电通道2017年建成投产。以下是4条特高压通道情况。

（1）蒙西至天津南输电通道：全长约608公里，线路为准格尔旗—晋北—北京西—天津南，电压等级为交流1000千伏，输电规模为600万千瓦，工程投资143亿元。

（2）上海庙至山东输电通道：长约1200公里，经陕西省、山西省、河北省至山东省，电压等级为直流±800千伏，输电能力为800万千瓦，工程投资193亿元。

（3）锡盟至山东输电通道：总长约730公里，以交流方式送出，电压等级为1000千伏，送电容量为900万千瓦，其中火电容量为800万千瓦，打捆送出风电容量为100万千瓦（装机规模300万千瓦）。

（4）锡盟至江苏泰州输电通道：总长约1619公里，以直流方式送出，电压等级为±800千伏，送电容量为800万千瓦，可送出火电装机容量700万千瓦，打捆送出风电规模为100万千瓦（装机规模300万千瓦）。

4条电力外送通道获得国家批准，标志着内蒙古保障首都、服务华北、面向全国的清洁能源输出基地建设又取得了重大进展，长期以来自治区有电送不出的“窝电”困境，将得到有效缓解。同时，它有利于自治区进一步发挥能源资源优势，大幅度提高煤炭资源的就地转化率，为2017年全区煤炭就地转化率达到50%提供有力支撑。

煤炭资源的就地转化率提高，有利于吸引生产要素回流，进而推动能源资源类项目向能源资源富集地区转移，使全国生产力布局得到有效优化。这4条外送电通道建成投产后，将向京津冀鲁、江苏等地外送电3100万千瓦，年减少煤炭外送量1.4亿吨，可大幅度削减上述地区燃煤消耗量，提高吸收外送电比例，缓解上述地区日益严重的雾霾问题，降低东中部地区PM2.5排放浓度3%—4%。

4条外送电通道实施后，不仅会提高我国能源供应安全保障能力，还将成为稳定自治区经济增长的重大投资举措。作为重大基础设施项目，4条特高压外送通道项目无疑将对自治区投资规模起到重大的支撑作用，将有力地促进自治区经济社会平稳较快发展。

国家和内蒙古自治区对能源基地建设的双重定位既要利于国家，也应该惠及内蒙古自治区，是一个机遇与挑战并存的局面。能源基地建设的双重定位不但加大了内蒙古产业结构重型化的惯性，也凸显了煤炭资源就地转化的紧迫性，这对内蒙古将来很长一段时期的节能降碳工作和能源就地转化政策提出了更高的要求。

五　内生增长和外部用能需求下煤炭资源就地转化路径分析

（一）能源消费和碳排放的内生影响因素分析和情景预测

1. 内蒙古能源消费和碳排放的内生增长影响因素

（1）经济增长。经过多年的发展，内蒙古的社会经济发展取得了长足进步，欠发达的基本区情有了根本性的改变。然而，与东部发达省份相比，全自治区社会经济发展仍有明显差距。在此方面的突出表现是：一方面，产业发展不充分，结构不合理，农牧业基础薄弱，工业整体水平不高，服务业发展不足；另一方面，区内改善民生和生态环境保护投入压力大，内蒙古经济社会发展不够协调，城乡居民收入增长相对缓慢，生态环境脆弱，水资源供需失衡，生态环境保护基础设施瓶颈制约问题突出。因此，未来一段时间内，从国家和本区可持续发展需求出发，内蒙古既面临着保障北方生态安全和全国能源安全的艰巨任务，又要全心全意谋发展。“发展才是硬道理”绝不是唯 GDP 论，而是需要更加注重科学发展、发展质量、结构调整、生态环保、民生改善等指标的综合考核。内蒙古面临的这些问题，只能在发展中重视和解决。可以预见，未来经济发展仍是内蒙古的主要工作任务，相应地，能源需求也会增加。

（2）城镇化。改革开放以来，内蒙古自治区的城镇化快速发展，城镇化率从 1978 年的 0. 217 增长到 2014 年的 0. 591。无论是城镇人口占比还是城镇化的质量，都有很大的提高。伴随人口城镇化而来的是，人们生活方式从乡村生活方式转向城市生活方式。这种方式的改变最直接的表现就是生活物资的多样化，带来的一个明显的效果就是能源消费和碳排放的提高。总体而言，内蒙古的城镇化从三个方面促进全社会的能源消费和碳排放的提高。

第一，城镇化的规模相应。城镇化促进经济规模扩大可以从供给和需求两个方面分析。一方面，城镇化促进有效需求的扩大，从投资的角度来看，城镇化的进程不仅在过去推动经济的发展，未来一段时间仍将拉动经济增长。另一方面，从消费需求来看，人口城镇化提高居民收入水平，使得农村人口市民化，改变其消费结构和水平，有效扩大了内需，对提高生活水平和推动经济规模扩大发挥不可估量的作用。

第二，城镇化的结构效应。城镇化的发展会导致产业结构的变化，进而影响二氧化碳的排放。产业结构指产业间的技术经济联系和比例关系，产业结构是一个区域或城市最基本的内部结构关系。作为经济发展的结果和未来经济进一步发展的基础的产业结构，其演变的过程表现为由低级向高级演变。从工业化发展的阶段来看，产业结构的演进分为以下几个阶段：前工业化时期、工业化初期、工业化中期、工业化后期和后工业化时期。在前工业化时期，第一产业占据主导地位，同时第二产业有一定的发展，第三产业的地位微乎其微。在工业化初期，第一产业产值在国民经济中的比例逐渐缩小；而第二产业有较大发展，工业重心从发展轻工业转向发展基础工业；第三产业虽然有了一定的发展，但是在国民经济中的比重还是较小。在工业化中期，工业明显占据主导地位，工业重心由基础工业转向高加工度工业；而第三产业比重逐渐上升，第一产业比重则明显下降。在工业化后期，第二产业比重下降，第三产业进一步加快发展，其中信息产业增长较快，第三产业在三次产业中占有支配地位。

第三，城镇化的技术效应。城镇化具有技术效应，表现为城镇化发展会推动技术创新发展，从而提高能源效率、减少碳排放。区域和城市经济学认为，经济活动集中的区域和城市不仅是经济增长的中心，往往也是技术创新的“温床”，技术创新的影响因素主要包括区域的创新潜力和创新环境：高质量的科研机构、良好的信息交流条件、先进的制造业和合适的制度环境等。技术创新的这些特征和要求表明创新活动具有一定的区域聚集特征，而城市则为这种活动提供了完善的人才、教育、基础设施和信息传播条件，使得技术创新的成本低、效率高，因此城市经济往往是技术创新的集中之地。城镇化具有明显的技术效应，对能源消费和碳排放具有负向的拉动作用。

（3）工业化。内蒙古自治区工业化快速发展，根据内蒙古当前和“十二五”工业化发展水平的判断，当前内蒙古正处于由工业化中期前半阶段向后半阶段过渡的关键时期，“十三五”时期将进入工业化中期后半阶段，工业结构也将由以原材料为重心的重化工业阶段向以加工、组装工业为重心的高加工度阶段转变。内蒙古工业化的特征表现为：首先，当前阶段的内蒙古工业化向重工业化跃进，内蒙古六大支柱产业的产值和能源消费占比不断攀升，导致能源消费总量和碳排放扩张，而且这种趋势不断扩大；其次，由于内蒙古的资源禀赋以煤为主，导致内蒙古的工业原料多以煤为主，这种高碳的产业无疑会加剧碳排放，而且由于内蒙古是煤炭的主产区，在使用煤作为工业原料时具有成本优势，进而促进煤的消耗加大；最后，随着全球金融危机的发酵，大宗商品价格下跌，煤的价格也随之下跌，导致的一个后果是以煤为原料的工业会加剧生产，间接会促进能源消费和碳排放的增加。

2. 内生增长约束下的能源消耗和碳排放情景分析

情景分析的主要作用是对未来内蒙古自治区的潜在能源消费和碳排放增长进行评估。其意义主要体现在通过对不同模式下人均能源消费差异的分析来说明究竟应采取什么样的经济社会发展方式以使人均能源消费降到最低。本节对内蒙古自治区的人均能源消费的分析主要根据前文中城镇化、工业化、经济增长与能源消费的长期协整关系，通过对各个指标设定合理的预期值，进而评估“十三五”末年全面建设小康社会实现之时不同模式城镇化、工业化对环境的潜在影响，这样既阐述了经济增长对能源消费的直接影响，也对经济增长进程中城镇化、工业化对能源消费的间接影响有了一个比较清晰的把握。然后通过能源消费的数据，获得能源消费碳排放的近似数据。

（1）内生增长约束下内蒙古2020年能源消费分析

为预测内蒙古2016—2020年能源消费的变化，研究首先根据经济发展速度、城市化进程以及工业化的变动情况，对各解释变量的年均变化率设定了一个基准情况。然后，在其基础上对变动情况做出一定调整，选取不同的情景假设，以期比较全面地分析可能出现的情况，并能够在不同的政策取向带来的能源利用及环境后果之间做出比较。本研究主要在于分析不同城镇化、工业化进程下能源消费和碳排放的差异。因此，我们首先要确定现有基准城镇化和工业化模式。在基准模式下，我们主要根据历史数据推测到2020年所达到的城镇化和工业化水平，然后，根据经济新常态下的目标将其作为基准情形的目标，综合得出2020年内蒙古全社会能源消费的基本目标，即基准情况。然后在此基础上将各指标向上或向下浮动几个百分点，分别作为粗放发展与绿色发展的象征，然后作出比较分析。为此，我们这里根据前文中的扩展 IPAT 方程，将产业结构变迁、城镇化进程、人均 GDP 等因素的变化作为体现粗放发展和绿色发展的主要内容，这样既总结了内蒙古过往经济社会发展的问题，并且提出了未来内蒙古低碳绿色发展的一些举措，是对既往发展经验的总结和教训的纠正。

一是人均 GDP。人均 GDP 的增长率通过内蒙古 GDP 总量和人口的增长率得到。本书基于 2015 年《政府工作报告》提出的 GDP 增速约为 6.5% 的规划，将预测时段设为 2014—2020 年，取 6.5% 为基准情形的 GDP 总量年均增长率。根据国家人口发展研究战略课题组发布的国家人口发展的战略目标，2010 年人口总量控制在 13.16 亿人，2020 年人口总量控制在 14.15 亿人，由此可得预测区间内的年均人口增长率为 0.16%。综上，基准情景中人均 GDP 的年均增长率为 5.5%，将人均 GDP 增长率向上浮动 1% 意味着未来经济增长速度扩张，将人均 GDP 增长率向下浮动 1% 作为中速增长情景，速度的降低说明兼顾了结构调整的压力，换来了增长质量的提高。

二是城镇化。从改革开放以来历年城镇化发展趋势，我们能发现 1995 年是城镇化发展的拐点，1995 年前城镇化发展处于相对平缓的时期，而 1995 年后城镇化发展迈入了快车道，根据其趋势线，我们能够得出改革开放以来城镇化率以年均约 1 个百分点速度增长。因此，在 2013 年达到 58.71% 的情况下，我们可以预测 2020 年城镇化率将会达到 63.71%。

三是工业化。我们认为，在未来一段时期，中国的工业化进程有可能出现新的阶段性变化，即处在由中级阶段向高级阶段的过渡期。从国际经验来看，三次产业结构变动可以分为三个阶段。第一阶段第一产业占有重要地位；第二阶段第二产业占比大幅度提升；第三阶段第三产业成为拉动经济的主导力量。内蒙古的三次产业结构在 1970 年左右经历了由第一阶段向第二阶段的转变，目前处于第二阶段的后期。同时在 2011 年，第二产业占比达到了历史的最高值，为 56%，随后第二产业占比逐渐减小，2012 年、2013 年、2014 年的第二产业占比分别为 55.4%、54.0%、54% 和 51.9%。在具体情景分析中，分别设定现行工业化趋势、粗放和绿色低碳发展背景下，保持第一产业比例不变，将第二、第三产业分别加减 3 个百分点来确定。

根据前文对各解释变量指标值的设定，分别设定三种 GDP 增长情形，然后以城镇化和工业化程度作为表征能源消费的具体指标并设定现行工业化趋势、粗放和绿色工业化发展三种情景，并设定年均人口增长为0.16%，由此得出情景下能源消费预测，如表5－1、表5－2所示。

表5－1　**产业结构变迁**　单位:%

2020年预测	产业结构变迁		
	第一产业	第二产业	第三产业
现行工业化	9.1	51.9	39.0
粗放工业化	9.1	54.9	45.8
绿色工业化	9.1	48.9	57.8

表5－2　**能源消费总量情景分析**　单位：万吨标准煤

2020年预测	中速情形	中高速情形	高速情形
现行工业化	28010.11	28759.86	29522.40
粗放工业化	33106.45	33992.62	34893.89
绿色工业化	23472.75	24101.05	24740.06

根据能源消费总量，可以进一步得到单位GDP能耗，如表5－3所示。

表 5-3　　单位 GDP 能耗情景分析　　单位：万吨标准煤/万元

2020 年预测	中速情形	中高速情形	高速情形
工业化	1.14	1.10	1.06
粗放工业化	1.35	1.30	1.25
绿色工业化	0.96	0.92	0.89

从表 5-2 和表 5-3 我们发现，不同经济增速和工业化模式下，能源消耗具有很大的区别。综合而言，粗放工业模式下能源消耗最大，绿色工业化模式下次之。根据我们定量分析的结果，为了保证内蒙古能源消费总量在一个合理的区间，需要平衡经济发展速度和选择合适的工业化模式。

3. 内生增长约束下内蒙古 2020 年碳排放分析

内蒙古“十三五”末全自治区的二氧化碳排放量和单位 GDP 二氧化碳排放量的预测值，可以通过基准情景的能源消耗量间接计算得到。根据我国的能源发展规划，2020 年年末非化石能源消费比重将上升到 15%。目前我国的非化石能源消费比重为 9.8%，内蒙古的非化石能源消费比重约为 1.75%。可以预计，随着煤炭就地转化比率上升，全自治区能源消费总量会明显升高。而根据内蒙古自身发展非化石能源的条件，在“十三五”期间，如果内蒙古大力发展风电及太阳能光伏发电，到2020年，内蒙古的非化石能源占比有可能维持现有的比率甚至更高。因此，在计算2020年能源消费排放二氧化碳的量时，可以假定各种能源的消费结构与现在的能源消费一致，其中非化石能源占比为1.75%，并根据不同化石能源的消费结构和相应的二氧化碳排放系数计算一个综合的二氧化碳排放系数，最后可得到二氧化碳排放总量。计算公式为：

二氧化碳排放总量＝能源消费总量×98.25%×二氧化碳排放系数

计算得到二氧化碳排放总量数据后，即可得到单位GDP二氧化碳排放数据，具体预测结果见表5－4。

表5－4　**碳排放总量情景分析**　单位：万吨标准煤

2020年预测	中速情形	中高速情形	高速情形
工业化	72586.28	74529.22	76505.27
粗放工业化	85793.09	88089.54	90425.13
绿色工业化	60828.02	62456.22	64112.17

根据能源消费总量，可以进一步得到单位GDP能耗，见表5－5。

表 5－5　　单位 GDP 碳排放情景分析　　单位：万吨标准煤/万元

2020 年预测	中速情形	中高速情形	高速情形
工业化	2.96	2.85	2.74
粗放工业化	3.50	3.37	3.24
绿色工业化	2.48	2.39	2.30

（二）煤炭资源就地转化导向下的能源消费需求分析

当前，内蒙古煤炭就地转化主要有两大途径，一是建设特高压线路，二是发展煤化工产业。未来一段时期，国家对节能降碳的要求日益趋紧，煤化工产业难以有较大幅度的提升，内蒙古的煤炭就地转化主要体现在特高压线路建设方面。特高压线路的建设既是内蒙古应对气候变化、实现经济结构转变的一个重要途径，也是内蒙古实现建设国家清洁能源基地、节能降碳目标的重要保障。

1. 清洁能源主要输入地市场用能需求分析

煤炭是国家的主体能源，清洁高效利用煤炭资源是保障国家能源安全的重要基石。根据《煤电节能减排升级与改造行动计划（2014—2020 年）》，在执行更严格能效环保标准的前提下，到 2020 年，力争使煤炭占一次能源消费比重下降到62%以下，电煤占煤炭消费比重提高到60%以上。根据国家电网公司总体规划，到2020年，内蒙古境内将建成12条特高压电力外送通道。届时，内蒙古电力外送规模将达到1.3亿千瓦，年外送电量达8300亿千瓦时，增加当地煤炭就地转化3.8亿吨。

2014年5月，国家能源局下文批准建设蒙西至天津南输电通道、上海庙至山东输电通道、锡盟至山东输电通道和锡盟至江苏泰州输电通道4条特高压送电通道。其中，上海庙至山东输电通道设计输电能力为800万千瓦，锡盟至江苏泰州输电通道设计输电能力为900万千瓦，占4条特高压总输电能力的54.84%，意味着今后江苏省和山东省的能源需求将是未来内蒙古煤炭就地转化的一个重要影响因素。

江苏省和山东省作为内蒙古清洁能源主要输入地，这两个省份未来的能源需求将在很大程度上影响内蒙古煤炭就地转化成效，必须对将来一段时期这两个省份的能源需求进行分析。

（1）江苏省能源需求市场

第一，能源禀赋。从能源禀赋来看，江苏省的能源资源严重匮乏，在原煤、原油、天然气、水能、核能、风能、太阳能、地热能、生物质能等一次能源中，原煤、原油、天然气等主要一次能源储量少、产量低。全省主要一次能源资源以外调为主，92%以上的煤炭、93%以上的原油和99%以上的天然气依靠外省或者进口，保障供需平衡具有较大难度。且根据《江苏省“十二五”能源发展规划》的数据，江苏省全省日均耗煤约70万吨，其中发电用煤40万吨，发电用煤占总用煤量的57%以上。

第二，用电量需求。江苏省经济社会发展较好，全社会用电量也居全国前列，截至2014年全社会用电量为5013亿千瓦时，而本地发电量为4348亿千瓦时，总体来看，全社会用电和本地发电量之间缺口较大。未来一段时间江苏省电力生产和消费有以下特点：首先，用电总量增加速度放缓，2014年全社会用电量仅比2013年增加约50亿千瓦时，而且随着江苏省调整产业结构和转变发展方式落实，未来的工业用电可能缩水，这样导致全社会用电量的增速进一步放缓甚至降低；其次，本地发电量也在逐渐增加，虽然从图5－1看2014年发电量比2013年较低，但是本地装机容量不断增加，比如2013年装机容量比2012年增加700万千瓦，2014年比2013年增加370万千瓦，装机容量增加的速度明显快于全社会用电量增加的速度。从以上分析可知，随着江苏省未来全社会用电量不确定和本地装机容量的快速增加，内蒙古特高压需求存在着很大的不确定性。

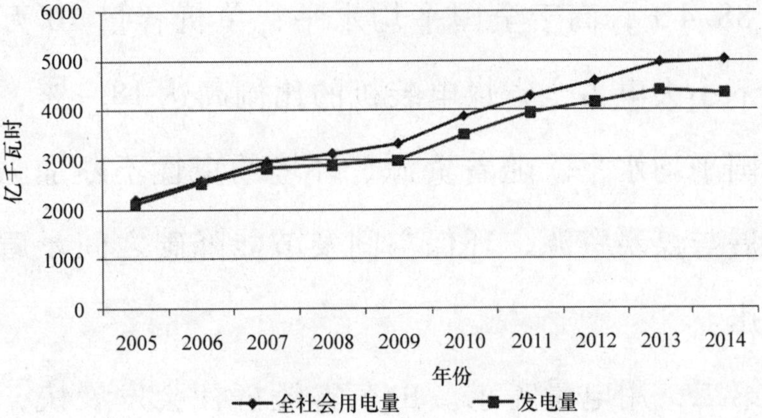

图5－1　2005—2014年江苏省全社会用电量和发电量

（2）山东省能源需求市场

第一，能源禀赋。山东省是我国重要的能源基地，煤炭、石油等化石能源资源较为丰富，新能源、可再生能源资源分布广泛，开发条件优越；但是，能源消费结构单一。从消费情况来看，山东省能源消费主要以煤炭为主，2012年煤炭消费占一次能源消费的75%以上，高于全国平均水平；天然气消费占一次能源消费的

2.6%左右，远低于全国平均水平。以煤为主的能源消费结构和粗放的增长方式，带来许多环境和社会问题，经济社会可持续发展受到严峻挑战。电源装机仍以煤电为主，小火电机组仍占相当大的比重。以煤电为主的装机结构尚未发生根本转变，煤电装机占全省装机比重仍高达88.4%，高于全国平均水平；单机容量10万千瓦及以下小火电占全省煤电装机的比例高达18.1%，也高于全国平均水平。随着资源、环境约束性不断加强，电源发展与煤炭资源、环保空间及节能降碳之间矛盾越来越突出。

第二，用电量需求。山东省经济社会发展快，对能源需求较大。截至2014年，山东省全社会用电量为4224亿千瓦时，而本地的发电量为3667亿千瓦时，本地发电量和全社会用电量之间缺口较大。未来一段时间山东省的用电有如下特点：首先，山东省全社会用电量短期增长仍然较快，由于山东省本地的产业结构以重化工和制造业为主，转型较慢，用电需求仍然较大，而且山东省的城镇化快速推进，居民生活用电快速增加；其次，由于山东省本省的煤炭储量较大，而且沿海的风能、光能资源较多，本地电力生产空间潜力较大，从图

5-2可以发现，2014年发电量与2013年相比有较大增加，而且增加的幅度远大于全社会用电量的增加幅度。根据《山东省能源中长期发展规划纲要》，山东省会促进新能源开发，且大力发展天然气等清洁能源，这些都会促进本地发电量装机增加。从山东省电力消费的特点可知：一方面，山东省电力需求增速放缓；另一方面，本地的发电量和装机容量快速增加，对区外输入电力短期需求迫切，但是从中长期看，电力外需的不确定性增加。

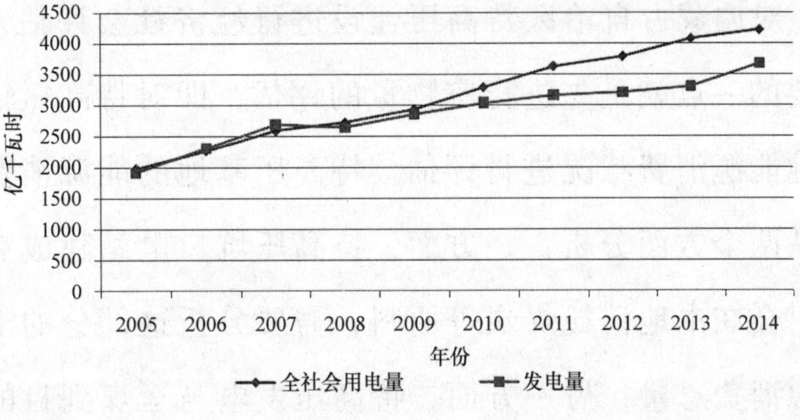

图5-2　2005—2014年山东省全社会用电与发电量

2. 国家清洁能源输出基地的能源消费分析

预计到2020年，内蒙古自治区将建成由1000 kV交

流与 ±800 kV 直流构成的特高压电力输出基地。特高压电网具有建设规模大、投资高、社会影响大、不确定性因素多等特点。其构建增强了电网在大范围优化资源配置的能力，一方面促进煤电、大型可再生能源基地的集约化开发，可以满足电网快速增长的电力需求；另一方面，随着特高压主网架建设，电网联网规模不断扩大，扩大了风电、太阳能等清洁能源消纳能力，推动能源供应结构清洁化、优质化。因而特高压电网的效益不仅在于售电带来的经济效益，还在于带来了巨大的潜在社会效益，需要进行全面、准确的估量。

对内蒙古自治区特高压建设进行经济社会评估，最重要的一点就是先进行实物量的评估，即对特高压输出基地能源消费状况进行评估。特高压基地的能源消费可以从两个方面分析：一方面，特高压坑口电站建成后运行时会在本地消耗煤炭等原料，需要分析这部分的潜在能源消费总量；另一方面，特高压发电与运煤到目的地发电相比具有规模优势，需要比较这两种发电方式的能源消费差距。下面根据生命周期方法进行评估。

（1）特高压情景下潜在能源消费量分析

从生命周期来看，特高压坑口电站发电耗能不仅发生在发电单元，它贯穿整个生命周期，包括开采、运输等。特高压能耗的计量范围包括从原煤开采端始至燃煤电厂发电侧止的所有环节及进程。特高压耗能的计量环节主要涉及煤炭生产环节、电煤运输环节及燃煤发电环节三个部分，下面对各环节的计量范围予以界定。

第一，煤炭生产环节的能源消耗计量范围。煤炭的开采、洗选等原煤生产过程都会耗用能源。此外，煤自燃也会造成一定的能源损失。

第二，电煤运输环节的能源消耗计量范围。煤炭运输的交通工具需要消耗能源。火车、船舶和汽车是三种典型的煤炭运输工具。煤炭在运输和装卸过程中会因遗撒等因素而产生一定的损耗。

第三，燃煤发电环节的能源消耗计量范围。电煤运至电厂负荷中心进行发电的电力生产过程也会产生大量的能源消耗，设定坑口电站的发电效率为310g/kW·h。

在具体核算过程中，由于特高压电站都围坑口电站，综合他人的研究结果，设定发电阶段的煤耗占整个生命周期的85%左右，而煤自燃和道路遗撒则占10%以上（这属于资源的浪费）。煤炭开采阶段的煤耗为5%，运输阶段的煤耗则不考虑。考虑内蒙古自治区的煤炭禀赋，假定煤炭的热值为5000大卡；同时考虑发电厂的效率，假定电厂机组年运行5500小时。综合以上的设定，可得到4条特高压的煤炭消耗量，见表5－6。

表5－6　　特高压能源消费分析

线路	距离（公里）	技术（千伏）	供电量（万千瓦）	煤炭消耗（万吨）	折合标煤（万吨）
蒙西至天津	608	交流1000	600	1432.2	1023
上海庙至山东	1200	直流±800	800	1909.6	1364
锡盟至山东	730	交流1000	900	2148.3	1534.5
锡盟至江苏泰州	1619	直流±800	700（含100）	1432.2	1432.2

（2）特高压输电和输煤发电的比较分析

输煤输电均会造成能源损耗。输电的能源损耗主要是线路导线、变压器等设备发热，输煤的能耗主要包括运输设备的耗能和输送过程中物理损失。其中，输电方式采用不同的电压等级，损耗不同。电压等级越高，损耗越低。直流输电两端换流站损耗比较大，但其输电线路相对同电压等级的交流损耗较小一些。在输电方式中，±800kV特高压直流输电的线路输电损耗非常低，约为±500kV高压直流输电的线路输电损耗的62.5%，因此输电距离越长，±800kV 特高压直流输电节能降损的优势越突出。假定特高压输电 1000 公里以内线路输电损耗为 5%，1000 公里以上线路输电损耗为 6%。

以铁路运输方式为例，输煤的能耗包括铁路运输设备的耗能和输送过程中的物理损失。铁路运输设备的耗能参照大秦铁路的单位能耗，为 143 千瓦时/万吨公里，同时假定大秦铁路货车时速为 80 千米/小时。铁路煤炭运输的物理损失主要有遗撒、风损和卸车不净等。国家《煤炭送货办法实施细则》中规定："每次在铁路运输过程中的自然减量标准暂定为 1.2%。"鉴于铁路煤炭运输敞车更新、固煤剂使煤堆表面固结减少了风吹损失和煤炭专运列车循环使用无卸车不净问题等情况，物理损失可取为 0.5%。

上面分析了特高压坑口电站的能源消耗，为了综合评价特高压发电的特点，在这一节加入输煤发电的分析，输煤发电是一种分布式发电，发电效率比坑口电站更低，假定输煤发电效率为 330g/kW·h，同样年发电时长约为 5500 小时。可以得到输煤发电能源消耗分析结果，见表 5－7。

表5－7　　输煤能源消费分析

线路	距离（公里）	供电量（万千瓦）	煤炭消耗（万吨）	折合标煤（万吨）
蒙西至天津	608	600	1533	1095
上海庙至山东	1200	800	2045	1461
锡盟至山东	730	900	2299	1642
锡盟至江苏泰州	1619	700	1793	1281

通过比较表5－6和表5－7的分析结果，可以发现4条特高压输电比运煤发电节约原煤约1051万吨。

（三）不同节能降碳情景下的煤炭资源就地转化路径总结

时任国家能源局局长吴新雄在2014年6月25日召开的全国“十三五”能源规划工作会议上提出，在能源发展过程中要坚持“煤炭就地转化”的原则。目前内蒙古生产的煤炭约34.5%就地转化，随着新的能源发展规划的提出，内蒙古煤炭就地消费的比例将会提高。内蒙古的发展迎来了机遇的同时也面临新的挑战：一方面煤炭就地转化为内蒙古的经济发展提供助力；另一方面，煤炭就地消费比例增加会给资源环境带来压力，也给未来节能降碳工作增加难度。

目前内蒙古煤炭就地转化率为0.345，考虑到内蒙古的资源环境承载力有限，预计到2020年，虽然内蒙古的煤炭就地吸纳率会提高，但煤炭就地转化比例不会太高。基于这个逻辑，在本部分的情景模拟中，设置煤炭就地转化率分别为40%、50%和60%三个情景。根据公式计算预测结果如表5-8至表5-10所示。

根据“煤炭就地转化”的政策预测结果，在当前煤炭利用效率不变的前提下，内蒙古的能源消费总量增加，同时二氧化碳排放和单位GDP能耗也相应升高。因此，如果“煤炭就地转化”政策落地，需要加强内蒙古和中央、内蒙古与能源输入地区的沟通，明确节能降碳责任的主体，准确核算出清洁能源输出地和清洁能源输入地的能源消耗、能源消费强度及碳排放等指标。

表5-8　煤炭就地转化40%情景下内蒙古“十三五”末节能降碳预测结果

情景设定	GDP增长速度		
	中速增长	中高速增长	高速增长
能源消费总量（万吨标准煤）	29633.04	32629.04	35864.50
以2010年价格调整后单位GDP能耗（吨标准煤/万元）	1.21	1.17	1.13
二氧化碳排放（万吨CO_2）	76792.01	84555.92	92940.40
以2010年价格调整后单位GDP二氧化碳排放（吨CO_2/万元）	3.15	3.04	2.94

表5－9　煤炭就地转化50%情景下内蒙古“十三五”末节能降碳预测结果

情景设定	GDP增长速度		
	中速增长	中高速增长	高速增长
能源消费总量（万吨标准煤）	32136.29	35385.37	38894.15
以2010年价格调整后单位GDP能耗（吨标准煤/万元）	1.32	1.27	1.23
二氧化碳排放（万吨CO_2）	83279.00	91698.78	100791.53
以2010年价格调整后单位GDP二氧化碳排放（吨CO_2/万元）	3.41	3.30	3.19

表5－10　煤炭就地转化60%情景下内蒙古“十三五”末节能降碳预测结果

情景设定	GDP增长速度		
	中速增长	中高速增长	高速增长
能源消费总量（万吨标准煤）	33917.34	37346.49	41049.73
以2010年价格调整后单位GDP能耗（吨标准煤/万元）	1.39	1.34	1.30
二氧化碳排放（万吨CO_2）	87894.46	96780.88	106377.57
以2010年价格调整后单位GDP二氧化碳排放（吨CO_2/万元）	3.60	3.48	3.37

（四）就地转化政策驱动下特高压输电面临的问题与挑战

1. 自治区面临煤炭生产和电力生产过剩问题

在煤炭市场持续低迷情况下，内蒙古煤炭经济亦呈下行态势，煤炭产量下降较快，经济效益显著下滑。当前，受经济增速放缓、需求疲弱等因素影响，中国的煤炭价格已跌至近九年来最低，内蒙古多家煤企陷入危机，许多中小煤矿倒闭破产，部分大型煤矿和地方煤矿为防止巨额亏损而降薪。煤炭企业特别是地方煤炭企业普遍资金紧张，一些地方大型煤炭企业面临较大的财务风险。而全国煤炭市场供大于求将成为常态，最突出的问题是产能过剩。

在内蒙古，虽然煤炭资源配置政策对煤炭的转化和煤炭产业链条的形成起到了重要作用，但仍然存在用煤与开矿脱节的问题，加剧了煤炭产能过剩。2014 年内蒙古煤炭产量为 9.9 亿吨，外销和内需比为 6∶4。在当前市场形态下，新增外销量十分困难，为了解决煤炭生产过剩问题，相关的特高压输电和煤化工项目处于投资建设周期，而煤炭生产产能居高不下，煤炭生产和电力生产面临过剩问题。

另外，由于经济危机以来固定资产投资快速增加，前期投资的煤电和相关企业的自备电厂投入运行，而由于经济危机以来工业活动减少，导致电力供需失衡。从外部情况看，电力外送能力有限，导致本地的电力生产过剩。而新上马的特高压建设过程项目中配套的坑口电站并没有将现有过剩的产量纳入，更多的是新建电厂，这无疑进一步加剧了本地电力生产过剩。

2. 特高压输入端地区电力需求面临失衡问题

目前在建的4条特高压输入端地区为天津、山东和江苏，处于经济中高速增长周期，这些地方的经济增长速度放缓，特别是钢铁、冶炼和重化工制造等能源密集型行业产能严重过剩。在去产能的周期中，这些地区相应地对电力的需求减少。另外，在前期的经济快速增长导致的电力需求快速增加的背景下，本地加大了对火电等电力生产的建设投资，未来一段时间，这些地区本地电力供应增长。综合分析特高压输入端地区的电力供给需求后，可以发现这些地区电力需求面临供需失衡的结构问题。

3. 特高压发电面临着较大的资源和环境压力

内蒙古最为煤炭资源主要产区，为了建成保障首都、服务华北、面向全国的清洁能源输出基地。2013年内蒙古煤炭产量约为10.3亿吨，占全国比重为28%，全自治区原煤输出比重超过60%，输出地包括东北、华北、华中、华东等地区。2013年，内蒙古外送电量为1400亿千瓦时，占全区总发电量的1/3。根据电能和标准煤换算公式，2013年内蒙古外送电量消耗的一次能源约为5040万吨标准煤，折合排放 1.4 亿吨二氧化碳、42 万吨二氧化硫和 21 万吨氮氧化物。从排放来看，内蒙古电力外运导致的排放约占全区二氧化硫排放总量的 30.9% 和氮氧化物排放总量的 15.2%。随着特高压建成，外送电力导致的排放会加大，而在现行考核背景下，特高压发电面临的资源环境考核压力和自身环境容量压力大。

我国电力一次能源以煤炭为主，燃煤电厂是排放 SO_2、NO_x、烟尘的重要部门。SO_2 排放是造成酸雨问题严重的主要原因。NO_x、烟尘是城市 PM2.5 的重要来源之一。通过建设特高压网架，将西南水电和西北煤电大规模向东中部负荷中心输送，相应减少东中部煤电建设，有利于改善受电地区的环境，帮助解决城市 PM2.5 和霾等问题；同时，煤电基地也可以通过消化大量洗中煤，有效地治理煤炭产区的环境污染，从而得到环保效益。根据《火电厂大气污染物排放标准 GB 13223－2011》，对特高压发电的污染物排放进行的核算结果如表 5－11 所示。

表 5－11　**特高压环境影响分析**　单位：万吨

线路	煤炭消费量	折合标煤	CO_2 排放量	SO_2 排放量	NO_X 排放量
蒙西至天津	1432.2	1023	3752	12.17	10.6

续表

线路	煤炭消费量	折合标煤	CO_2排放量	SO_2排放量	NO_X排放量
上海庙至山东	1909.6	1364	5003	16.23	14.13
锡盟至山东	2148.3	1534.5	5629	18.26	15.9
锡盟至江苏泰州	1432.2	1432.2	3752	12.17	10.6
合计	6922.3	5353.7	18136	58.83	51.23

内蒙古自治区在建设特高压向外输出电力的过程中，将清洁能源外送，但是能源消耗和污染物排放留在本地。根据以上的计算结果，4 条特高压发电的潜在 CO_2 排放量为 18136 万吨，SO_2排放和 NO_X排放分别为 58.83 万吨和 51.23 万吨。

六　节能降碳目标约束下促进内蒙古煤炭资源就地转化的对策建议

内蒙古自治区的资源禀赋以及所处发展阶段使得经济增长对资源的依赖程度较高，导致产业结构重型化特征突出，由于发展惯性，内蒙古产业结构重型化趋势仍将持续，这也是今后一段时期内蒙古自治区在节能降碳工作方面将要面临的关键问题。

根据前面分析，内蒙古自治区高能耗产业的比重偏高及工业技术水平偏低，意味着“十三五”期间内蒙古工业仍然有较大的节能降碳潜力，内蒙古自治区自身应按照高标准的严格要求，深入挖掘节能降碳潜力；而且按照内蒙古在全国的发展定位以及在当地的发展定位，能源重化工产业仍是今后的发展重点。基于能源基地建设定位，同时考虑内蒙古自治区作为传统能源省份、西部省份的发展诉求以及未来的发展空间，国家应该给予内蒙古自治区有别于其他省份的节能降碳指标及煤炭就地转化优惠政策，充分考虑内蒙古煤炭产业重型化的发展惯性，给予内蒙古自治区节能降碳、产业结构转型升级的缓冲空间。

为此，内蒙古自治区应在向国家争取差别化政策的基础上，做好科学提升煤炭资源就地转化水平、理顺中央经济大政策与地方发展空间需求的关系、完善节能降碳投入机制、加强节能降碳技术创新、培育节能降碳内生动力、防范煤炭就地转化可能存在的风险和建立健全生态补偿机制等方面的工作。

（一）对接国家区域发展战略，争取国家层面差别化政策

节能降碳工作需要投入大量的资源，而收益往往表现为环境效益，且环境效益需要经过较长的时间才能表现出来；节能降碳具有一定的正外部性，节能降碳的成果为全社会共有。内蒙古地区特殊的地理位置和自然环境状况决定了节能降碳代价较大，而节能降碳的结果往往是周边地区的收益较大、自身牺牲较多。特别是内蒙古作为全国的能源基地，势必面临着大量的煤炭资源需要在当地消化的情况。因此，在执行中央政府下达的节能降碳及去产能任务的同时，需要充分考虑内蒙古地区的实际情况，在制定去产能指标的时候能够充分考虑内

蒙古煤炭资源丰富及国家能源基地建设的双重特性，给予煤炭产业方面去产能的指标优惠政策。同时，为了促进能源基地建设以及煤炭就地转化，需要从国家层面制定有利于煤电外送的电力指标政策。

内蒙古地区应充分向中央政府表达节能降碳方面的诉求，加强与中央和周边地区的政策联动。具体包括以下三个方面：第一，去产能指标的博弈。内蒙古作为全国的能源输出基地，自治区内的煤炭资源消耗有相当一部分转化为清洁能源输送给其他地区，因此，可以要求中央政府进行去产能指标的置换以换取煤炭产业发展的空间。第二，内蒙古作为全国特殊的生态屏障地区，在执行严格的节能降碳工作的同时付出的是发展的代价，因此，需要中央考虑通过财政或税收的形式进行补贴。第三，内蒙古节能降碳工作的受益方不光包括自身，还包括内蒙古的生态涵养地区和能源输送地区，因此需要通过合理的制度安排，进行适当的补贴。第四，努力建设国家清洁能源基地。内蒙古要向国家积极争取配套的煤炭就地转化总量指标，并要求国家对能源输出地和输入地不同的战略地位进行通盘考虑，争取差别化的煤电考核指标方式。第五，鉴于内蒙古境内有一部分的排放是由中央在区内布局的有战略意义的示范性项目，如煤制油项目等，内蒙古可向中央合理要求将这部分项目产生的排放量划回中央。

（二）理顺中央经济政策导向与地方拓展发展空间的需求

2015年12月，中央经济工作会议提出，2016年经济社会发展主要是抓好去产能、去库存、去杠杆、降成本、补短板五大任务，简称“三去一补一降”。由于自身的煤炭资源禀赋及经济发展阶段，内蒙古在未来“三去一补一降”工作的过程中，要用发展的眼光看待煤炭产业，理顺及协调好中央宏观政策与自治区煤炭产业的关系，处理好煤炭产业去产能和将来发展需求空间的关系，切忌盲目、“一刀切”地采用相关政策，煤化工、煤发电等煤炭资源就地转化产业的发展还需要有一定的缓冲空间。为此，内蒙古应该做好以下几个方面的工作。

一是借好国家大政策的东风。在确保中央政策权威性、指导性的基础上，结合自治区实际，分类分业施策，因地制宜制定符合自治区的细化措施。尤其在“去产能”工作推进中，须站在全国市场和区域竞争的大格局下来考虑。虽然内蒙古自治区主要工业行业产能规模大，但由于形成时间短，装备和技术比较先进，大部分在全国同领域中处于相对优势地位，不属于真正要淘汰、出清的低效供给，而是应当保留、整合、发展的优势产能；因此，要充分发挥比较优势，除了按照国家有关要求对确属落后低效的产能予以处置，引导区域内"僵尸企业"退出之外，还应借助本轮"去产能"过程中相关行业市场主体和产业布局重新洗牌的机遇，做到有"退"有"进"，在退出以"僵尸产能"为代表的低效产能的同时，更要针对短板加快创新突破，培育发展精细化、终端化、差异化的中高端特色优势产能，引导企业从注重"量"到注重"质"的转变中实现结构性调整。因此，内蒙古自治区在落实国家"三去一补一降"工作任务的同时，应该更多地增加历史视野、国际眼光和前瞻意识，不能简单地对煤炭产业采取"一刀切"的方式去产能，如果简单根据目前经济增速的需求状况来决定去产能的规模，甚至采用"削足适履"的方式淘汰落后产能、化解产能过剩问题，在将来经济增速时加快则很容易放大未来经济增速上行期"需求扩张带动产品价格上涨、利润大增，推动产业投资过度扩张、过度供给，集聚产能过剩问题”的循环累积效应。因此，在去产能问题上应注重以市场为主，建立化解过剩产能的长效机制，在“去产能”的同时生成“新动能”。

二是在继续做好存量煤炭资源外运，满足资源调入地区目前既有煤炭需求的基础上进行煤炭就地转化，发展煤炭深加工要严格依据当地资源、环境承载能力来进行。既要把解决当前显性困难作为突破口，也要以提升产业竞争力和培育发展新动能为目标，做到改革与发展并重。补齐产业短板，发展新兴经济，增加有效供给。推动资源型产业延伸升级，重点提高煤炭产业的延伸加工。在严格执行不再审批煤炭、钢铁、水泥、玻璃新增产能项目规定的基础上，全力推动已获路条的电力、煤化工重点项目与现有生产和在建煤矿联合重组，现有富余发电机组与高耗能行业联合重组。

三是适当增加工业的节能降碳指标。由于内蒙古工业单位能耗高、技术进步快，工业节能降耗具有较大潜力，可以适当加大工业节能降碳的指标，倒逼工业结构调整与优化。根据《内蒙古自治区“十二五”节能减排综合性工作方案》，到 2015 年全自治区单位地区生产总值能耗下降到 1. 63 吨标准煤/万元（按照 2005 年价格计算），比2010年的1.92吨标准煤/万元下降15%，但仍然大大高于国家能耗平均水平。根据国家《节能减排“十二五”规划》，到2015年，全国国内生产总值能耗下降到0.869吨标准煤/万元（按2005年价格计算），比2010年的1.034吨标准煤/万元下降16%。今后一段时期，内蒙古产业结构重型化趋势仍将持续，受资源禀赋和所处发展阶段等因素影响，内蒙古经济增长对资源的依赖程度较高，产业结构重型化特征突出，2010年工业增加值占地区生产总值的比重达到48.2%，工业总产值中重工业的比重达到71%，分别比2005年提高10.3%和1.3%，能源、冶金、化工、建材等行业能源消耗占全区能源消费总量的比重为近60%，按照内蒙古在全国的发展定位，能源重化工产业仍是发展重点。鉴于内蒙古高能耗产业的比重偏高，以及区内工业技术水平偏低的现实，“十三五”期间，内蒙古工业仍然有较大的节能降碳潜力。

四是做好人才、技术、社会环境、公共管理等方面的工作。煤炭就地转化等相关产业，如煤化工、煤发电等产业，是资金、技术、人才密集度均很高的产业，而且对当地环境具有较大影响，不能只简单地提升煤炭资源就地转化水平，还需要从人才、技术、社会环境、公共管理等方面加以提升和改进，注重人才的培养和技术的开发积累，培育煤炭就地转化产业的强大竞争力，增强煤炭就地转化产业的发展持续性，实现自治区资源型经济的顺利转型。

（三）完善节能降碳投融资机制，加强节能降碳技术创新

一是加大自治区预算内投资和节能降碳专项资金对节能降碳重点工程和能力建设的支持力度，继续安排国有资本经营预算支出支持企业实施降碳项目。完善“以奖代补”“以奖促治”以及采用财政补贴方式推广高效节能产品和合同能源管理等支持机制，强化财政资金的引导作用。降低节能降碳专项资金的补贴门槛，扩大节能降碳资金的受惠范围。设立节能降碳技术创新基金，合理引导资金进入节能降碳最需要的环节。创新投入机制，发挥多层次资本市场融资功能，多渠道引导企业、社会资金积极投入节能降碳工作。完善财政补贴方式和资金管理办法，强化财政资金的安全性和有效性，提高财政资金使用效率。

二是设立节能降碳技术创新基金。通过设立节能降碳技术创新基金，提高节能降碳工作的效率，并以此为抓手，推动经济发展方式由资源投入型发展向创新推动型发展转变，实现经济发展和资源环境的双赢。合理设计节能降碳技术创新基金使用的管理办法，提高资金的使用效率，重点向企业节能降碳技术的开发、转化、引进等方面倾斜，以充分调动企业开发与利用节能新技术、引进节能新工艺和新设备的积极性。通过资金的合理引导孵化几家有节能降碳核心技术的领军企业。

三是在政府推动下，构建以企业为主体、区内外大学及研究院所共同参与的产学研合作体系，对六大特色产业中的高能耗和高污染问题进行会诊，就目前国内外还未完全解决的若干关键节能和污染控制技术开展联合攻关，并从政府资助的相关科技计划中给予重点支持，打造一个节能降碳技术合作共享的战略平台，为相关产业确定节能降碳技术标准和规范，并切实加大先进节能降碳技术的应用力度。

四是采取积极有效措施，对自治区煤炭、电力、冶金、化工等重点高能耗高碳排放行业、重点企业进行节能技术改造与技术创新。通过政策扶持引导和调动行业、企业采用和推广先进技术、工艺对传统、老旧、落后设备、工艺进行改造与升级。科技主管部门要把节能技术、可再生能源技术、新能源应用技术和污染降碳技术的自主研发与引进消化吸收和再创新，作为政府科技投入、推进高新技术产业化的重点。

五是加快发展低碳经济，转变节能降碳效率的实现形式。发展低碳经济是我国生态文明建设的主要实现形式和路径，新型城镇化是推动节能降碳由成本支出向经济和环境收益创造转变的重要载体。以低碳城市建设为主线，加快能源供给与消费结构优化，促进全社会参与零碳能源开发利用，坚持存量转型升级和增量规划激励，从强度控制转向强度和总量“双约束”，以节能降碳为工作支点带动应对气候变化工作“落地”，促进低碳试点城市建设和低碳工业园区建设、低碳社区建设战略对接，统筹新常态下经济发展新旧动能协同作用，推动节能降碳工作向纵深发展。

六是注重发挥绿色低碳优势，推动韧性企业建设。在产业绿色低碳升级转型进程中，以真实市场需求、国家和地区节能降碳需求，以及产业升级转型、迈向中高端为动力，通过减政放权和放宽市场准入，充分发挥财政资金的引导作用、私营部门创新引领和市场主体作用，采取公私合营（PPP）等方式，结合本地区和关联地区的核心绿色低碳发展资源，鼓励有条件的企业开展多元化经营战略，培育绿色低碳发展优质资本和绿色增长点，推动节能降碳从成本支出向经济收益创造转变，建设经济下行冲击下和节能降碳约束下的韧性企业。

七是促进行业交流组织化，建立行业节能降碳创新组织。节能降碳创新组织是源于政府和市场，又有别于政府和市场力量的资源配置模式。通过加强行业“标杆引领”与开展能效对标活动，加强组织创新，为同行节能降碳经验交流、借鉴与技术创新提供组织保障，培育行政规划基础上的商业企业治理组织，为协调区域、行业部门节能降碳矛盾提供组织基础。

（四）融入国家低碳战略，防范化解煤炭就地转化风险

在提升煤炭就地转化水平方面，不断加强煤炭就地转换、减少过程损耗有利于集中治理，进而提高节能降碳的效率。我国能源生产基地多位于中西部地区，能源消费地区多位于东部沿海发达地区。能源生产地区和能

源消费地区之间的距离较远，在能源输送过程中会额外损耗一定的能源，同时会带来一定的环境污染。为了提高能源利用效率、减少过程的损耗、发挥集中治理的优势，要提高煤炭就地转换的比例，在源头上提高能耗效率和减少排放。作为煤炭就地转换的配套措施，也需要在节能降碳指标的划分上，向能源生产地区倾斜，鼓励煤炭就地转换，提高节能降碳的效率。一是应依托丰富的煤炭资源，不断拉宽延长产业链条，提高资源附加值。发展电力、冶金等高载能行业，发展煤制油、煤制气、煤制醇、二甲醚等清洁能源和新型化工产业。二是以实现高碳产业低碳发展为目标，引导社会创新资源积极开展煤炭能源技术创新，综合提升在煤炭开采、运输、转化和利用等领域的技术创新能力，努力实现由煤炭资源优势向煤炭技术优势的转变，为产业升级和参与未来的产业竞争积累必要的知识和技术。三是科学分配煤炭资源带来的财富，带动区域社会均衡可持续发展。探索建立煤炭财富反哺与稳定机制，当煤炭行业景气时，能够有资金用来培育带动其他行业发展；而当煤炭不景气时，也能够帮助煤炭企业渡过难关，从而实现区域社会稳定可持续发展。

在防范化解煤炭就地转化可能存在的风险方面，随着经济新常态的到来，经济增速趋缓，这使我国的能源需求存在着较大的不确定性，也给内蒙古煤炭就地转化增加了一定的风险。为此，必须从以下几个方面来防范未来可能面临的风险。一是处理好煤炭就地转化与可再生能源就地消纳的关系。内蒙古煤炭资源丰富，同时风能、光能等可再生能源的储量也同样可观。应合理调整煤炭就地转化与可再生能源生产的比例，按照一定比例配置煤电和风电等其他可再生能源的生产，防范煤炭就地转化对可再生能源就地消纳的“挤出效应”，以免造成“窝风”“弃风”现象。二是增强电能的就地转化能力。在生产和生活方面鼓励使用电能，在电力外需市场萎缩的情况下能够自身消纳一部分电力，减少发电企业的过剩产能。三是加快转变经济增长方式。积极延长资源型产业链，大力支持煤炭、化工、有色等资源型产业延伸升级，更好地促进资源转化增值。四是加快调整产业结构，提升第三产业的比重。通过合理布局，配套设施，把交通运输、房地产、商业、餐饮、社区服务、旅游、文化娱乐等设施有机组合，实现资源共享，大力发展循环经济，形成行业间相互渗透、相互促进、相互发展的循环产业链条，促进第三产业整体协调发展。

（五）建立健全有利于煤炭资源就地转化的生态补偿机制

顺应国家能源基地建设的战略要求，内蒙古煤炭资源就地转化势在必行，但如何减缓大规模煤炭资源就地转化所造成的负面生态环境影响，是必须面对和解决的问题。应按照“谁受益谁补偿、谁污染谁付费”的原则，建立和健全内蒙古煤炭资源就地转化的生态补偿机制。一是构建省市自治区之间的生态环境补偿机制。煤炭资源就地转化后，清洁能源消费地享受清洁的能源，而煤炭转化地则要单独承担环境成本，本身是不公平的体现，清洁能源消费区域也应当分担一部分煤炭转化为清洁能源所付出的环境成本。因此，不仅要实行“谁污染谁付费”，还要“谁受益谁补偿”，建立省市自治区之间的生态环境补偿机制，实现环境利益的合理化分配。二是建立煤炭就地转化的生态补偿责任长效机制。建立长效的生态补偿制度系统，为补偿资金的融资分配和管理提供保证；建立以中央政府管理为主体、地方政府共同参与的管理体系，充分调动地方政府的积极性，对生态补偿过程进行监督，确保生态补偿的有效配置。三是完善与煤炭资源就地转化相关的生态补偿法律法规及技术标准。虽然国家及地方政府制定并颁布实施了多个关于能源开发利用的生态补偿规章制度，但并没有明确规定在煤炭资源就地转化后由谁来消除对生态环境造成的负面影响。目前，能源就地转化后所造成的环境成本主要由地方政府来承担，资金来源大多为地方的财政收入，而清洁能源消费地没有承担环境治理成本。单一的地方政府财政能力往往有限，成为生态补偿的瓶颈。因此，能源就地转化的生态补偿机制应该提到法律层面上来，把能源消费地纳入煤炭资源就地转化的生态补偿机制，为煤炭就地转化区域的生态环境保护与治理承担一定治理成本。

（六）以节能降碳为战略支点，推进生态文明建设不动摇

“绿水青山就是金山银山”的科学观念已成为指导我国生态文明建设的重要发展理念，围绕生态文明建设，节能降碳带来的积极因素总体上大于消极因素。经济形势的变化对我国节能降碳工作产生了关联影响，一是前

期政策影响还在，二是新动能仍处于成长中，因此，“十三五”时期节能降碳工作一方面要考虑消纳前期政策的溢出效应，另一方面要为清洁生产、结构调整创造新动能。

一是节能降碳工作需消纳前期政策的溢出效应。前期4万亿拉动内需、振兴产业的一揽子刺激政策推动经济转暖的同时，也导致第二产业中重化工业产能过剩问题加剧，由此带来的部分地区产业结构调整压力仍在，主要表现之一就是部分资源型化工产品价格仍处于下行区间，这也是导致当前节能降碳两难困境的压力之一。同时，节能降碳目标约束是促进清洁生产创新的动力源。从生产侧积极因素看，市场参与主体对节能降碳认识也在深化，节能降碳已成为企业生产经营的共识。工业经济下行中，围绕“工艺成本优势和节能降碳优势”进行创新成为企业提高产品质量和科技含量水平、增加产品附加值，以及提高市场竞争力的重要举措。在推动经济发展的传统动能减弱的情况下，我国传统产业低成本生产能力在对冲工业生产下行冲击中起到了积极作用，为产业转型升级和创新潜力向生产优势的转变赢得宝贵时间。

二是深化节能降碳工作，助推结构转型升级不动摇。当前正处于国民经济发展新动能和旧动能转换的艰难进程中，在现在经济形势不好之时，企业面对市场可能无能为力，对政府有期待，希望政府降低环保标准，政府需要帮助提供解决就业的基本政策保障服务。经济发展、企业经营和节能降碳工作之间存在着竞争关系，却并必然相互矛盾。经济形势好时，所有企业都赢利，但经济形势不好时，只有高技术的企业赢利，节能降碳工作的重要性不言而喻，重要的是，必须避免错失转型升级的时机，不能因为企业效益不好、就业压力大，就不坚持正确的改革方向。

三是凝聚政府和企业对节能降碳工作的信心和共识。节能降碳作为新常态下经济转向中高端的内在要求，正在经历从成本支出到收益创造的过程，在经济增速放缓的情况下，政府和企业更要围绕“保护生态环境就是保护生产力、改善生态环境就是发展生产力”的发展理念，在“干中学”中凝聚起节能降碳信心和共识，着力于绿色发展、低碳发展、循环发展，重塑国民经济增长“筑底企稳”的力量。同时也要坚持底线思维，做好政府保障就业储备政策对地区产业结构调整过程中企业转产、停产“稳定器”作用和工业领域“双创”政策创造新增就业岗位的“助推剂”作用。政府应更加注重公共支出的环境和社会收益，围绕企业用工制度和职工权益保障、职业教育和培训体系的完善，构筑国民经济发展“安全网”，更好发挥政府在节能降碳工作中基础性作用和关键区域联防联控作用。

参考文献

[1]《内蒙古自治区能效“领跑者”制度实施方案》，《内蒙古宣传思想文化工作》2016 年第 1 期。

[2] 朱大玮：《坚持环境保护与生态建设并重　努力打造祖国北疆亮丽风景线——2013 年内蒙古环境保护与生态建设情况综述》，《内蒙古统计》2015 年第 3 期。

[3]《内蒙古自治区人民政府关于下达 2015 年度盟市节能与碳排放控制目标的通知》，《内蒙古自治区人民政府公报》2015 年第 11 期。

[4]《内蒙古自治区工业节能监察办法》，《内蒙古自治区人民政府公报》2015 年第 8 期。

[5] 李孔燕、周闯：《资源富集地区节能减排形势分析与科技对策研究——以内蒙古自治区为例》，《科学管理研究》2014 年第 6 期。

[6]《内蒙古自治区人民政府办公厅关于印发自治区 2014—2015 年节能减排低碳发展行动方案的通知》，《内蒙古自治区人民政府公报》2014 年第 18 期。

[7]《内蒙古自治区人民政府关于下达 2014 年度盟市节

能与碳排放控制目标的通知》,《内蒙古自治区人民政府公报》2014 年第 12 期。

[8] 王良平、张晓玲:《内蒙古自治区建筑节能监管平台技术方案及应用》,《土木建筑工程信息技术》2014 年第 6 期。

[9] 赵彤:《积极实施节能减排政策促进内蒙古经济增长方式转变》,《内蒙古统计》2014 年第 1 期。

[10] 付东梅:《大力发展节能环保产业建设美丽内蒙古》,《北方经济》2014 年第 1 期。

[11] 许丽萍、康磊:《内蒙古经济增长中的减排考量——万元工业增加值污染物排放强度分析研究》,《北方经济》2014 年第 1 期。

[12] 杨新吉勒图、李红敏、韩炜宏:《基于脱钩理论的高排放产业低碳发展策略研究——以内蒙古为例》,《内蒙古工业大学学报》(自然科学版)2013 年第 32 期。

[13]《实现节能减排推动科学发展》,《北方经济》2013 年第 17 期。

[14] 内蒙古自治区发展和改革委员会:《总量控制与结构调整并行政府引领与重点领域齐抓——内蒙古自治

区“十二五”节能减碳工作稳步推进》，《北方经济》2013 年第 17 期。

[15] 韩晓霏：《内蒙古煤炭产业节能分析——基于价值链视角》，《经济论坛》2013 年第 11 期。

[16]《内蒙古自治区人民政府办公厅关于下达盟市 2013 年节能和碳排放强度降速目标任务的通知》，《内蒙古自治区人民政府公报》2013 年第 21 期。

[17] 吴文华：《构建和完善节能减排相关机制——以内蒙古自治区为例》，《北方环境》2013 年第 4 期。

[18]《内蒙古非公经济发展应采取的主要对策》，《实践》（思想理论版）2013 年第 6 期。

[19] 鄂晓梅、李晓龙：《内蒙古节能减排保障机制的发展进路》，《内蒙古社会科学》（汉文版）2013 年第 3 期。

[20] 高平亮、司咏梅、冯玉龙：《内蒙古能源消耗与二氧化碳排放分析》，《内蒙古财经学院学报》2012 年第 4 期。

[21] 乔节增、刘佳：《对内蒙古碳排放总量的中长期预测——基于灰色等维新息马尔可夫预测模型》，《内蒙古统计》2012 年第 5 期。

[22] 王秀珍：《以节能促增效以环保促发展——国电内蒙古东胜热电有限公司节能减排侧记》，《环境教育》2012 年第 10 期。

[23] 屈燕妮：《内蒙古经济增长与环境污染的关系研究》，《经济论坛》2012 年第 7 期。

[24] 田新茹：《内蒙古“十二五”节能降耗面临新的挑战》，《内蒙古统计》2012 年第 2 期。

[25]《内蒙古电网风电装机容量达 875 万千瓦居全国之首》，《陕西统计与社会》2012 年第 2 期。

[26] 牛天甲：《内蒙古下达淘汰落后产能奖励资金 2.1 亿淘汰 86 个项目》，《西部资源》2012 年第 1 期。

[27]《内蒙古自治区公共机构节能管理办法》，《内蒙古自治区人民政府公报》2012 年第 2 期。

[28]《内蒙古自治区人民政府关于印发自治区“十二五”节能减排综合性工作方案的通知》，《内蒙古自治区人民政府公报》2011 年第 24 期。

[29] 杨万喜、宋洪芳、洪梅：《内蒙古自治区稀土产业发展现状及思路》，《稀土信息》2011 年第 12 期。

[30] 杨新吉勒图、韩炜宏、李长青：《内蒙古节能减排的可持续性研究》，《内蒙古工业大学学报》（自然科

学版）2011 年第 30 期。

[31] 赵红梅：《产业结构与节能减排关系的实证分析——以内蒙古为例》，《工业技术经济》2011 年第 7 期。

[32]《内蒙古自治区人民政府办公厅转发自治区质监局关于进一步加强高耗能特种设备节能减排工作实施意见的通知——关于进一步加强高耗能特种设备节能减排工作的实施意见》，《内蒙古自治区人民政府公报》2011 年第 13 期。

[33] 赵红梅、王杨、赵强：《节能减排现状评价——基于内蒙古的比较分析》，《内蒙古财经学院学报》2010 年第 6 期。

[34] 李何：《“十一五”内蒙古节能降耗取得新进展》，《内蒙古统计》2010 年第 6 期。

[35]《发展低碳经济：内蒙古的必然选择》，《北方经济》（综合版）2010 年第 13 期。

[36] 王锋正：《低碳经济视角下内蒙古工业企业节能减排技术创新路径研究》，《科学管理研究》2010 年第 3 期。

[37] 朱晓俊：《内蒙古节能减排与经济发展方式转变研

究》，《内蒙古金融研究》2010 年第 4 期。
[38] 张建斌：《内蒙古节能减排的财政政策选择》，《内蒙古科技与经济》2010 年第 1 期。
[39] 吴玉锋：《内蒙古工业实现节能减排的对策研究》，《再生资源与循环经济》2009 年第 9 期。
[40] 中国人民银行乌海市中心支行课题组：《能源消耗与经济发展关系的实证研究——内蒙古个案分析》，《内蒙古金融研究》2009 年第 8 期。
[41] 杨臣华：《当前节能减排的压力及对策》，《北方经济》（综合版）2008 年第 21 期。
[42] 邱灵、方创琳、梁汉媚：《新能源基地建设的实践模式与经验借鉴》，《城市发展研究》2011 年第 12 期。
[43] 王宇亮：《我国清洁能源基地建设的设想和措施》，《经济体制改革》2014 年第 2 期。
[44] 刘振亚、张启平、董存、张琳、王智冬：《通过特高压直流实现大型能源基地风、光、火电力大规模高效率安全外送研究》，《中国电机工程学报》2014 年第 16 期。
[45] 王志轩：《电能替代与特高压输电是治霾之本》，《国家电网》2014 年第 4 期。

[46] 白建华：《特高压输电能源经济环境效益巨大》，《国家电网》2014 年第 6 期。

[47] 张磊、陆小倩、王静：《中国输煤输电格局的优化研究》，《中国地质大学学报》（社会科学版）2014 年第 6 期。

[48] 王秉军：《煤电一体化——能源基地建设的有效模式》，《中国经贸导刊》2009 年第 6 期。

[49] 刘敬尧、李璟、何畅、李秀喜、钱宇：《燃煤及其替代发电方案的生命周期成本分析》，《煤炭学报》2009 年第 10 期。

[50] 张璞、王欢：《能源安全视角下的呼包银榆能源基地建设》，《开发研究》2014 年第 6 期。

[51] 中国科技网：《国网电能替代计划助力缓解雾霾淘汰高污染用能方式》，《黑龙江科技信息》2013 年第 31 期。

[52]《能源局：内蒙古电力外送通道建设“快事快办”》，《华东电力》2013 年第 10 期。

[53] 神瑞宝、张粒子、张洪、程世军、凡鹏飞：《输煤输电经济性比较研究》，《中国电力》2013 年第 10 期。

[54] 王兆权：《特高压电网规划环境影响评价及风险防

范研究》，硕士学位论文，华北电力大学，2015 年。

[55] 魏娜：《任亚平政协主席：把内蒙古建成国家煤炭深加工基地》，《西部资源》2012 年第 2 期。

[56] 徐敏杰、胡兆光、谭显东、单葆国：《中国中长期能源和电力需求及碳排放情景分析》，《中国电力》2012 年第 4 期。

[57] 王晓天：《基于全生命周期评价方法的风电环境效益测算——以内蒙古某风电场为例》，《科技管理研究》2012 年第 18 期。

[58] 王耀华、张风营、白建华：《输煤输电经济性比较》，《中国电力》2007 年第 12 期。

[59] 李立浧、饶宏、张东辉、范新宽、徐国新、曾沅、荆勇：《输煤输电的技术经济比较研究及其重要战略意义》，《中国工程科学》2015 年第 9 期。

[60] 夏德建、任玉珑、史乐峰：《中国煤电能源链的生命周期碳排放系数计量》，《统计研究》2010 年第 8 期。

[61] 武民军：《燃煤发电的生命周期评价》，硕士学位论文，太原理工大学，2011 年。